マイナンバーは監視の番号

——徹底批判まやかしの共通番号制度——

やぶれっ！住基ネット市民行動 著

緑風出版

目次

マイナンバーは監視の番号

——徹底批判まやかしの共通番号制度——

第二章　「大綱」の考える共通番号制度と問題点　43

第三章　なぜ共通番号制度をいまつくろうとしているのか　153

第六章　共通番号制度の問題点　227

はじめに

1　急速に進む国民総背番号制の導入

二〇一一年六月三〇日、政府・与党社会保障改革検討本部は、共通番号制の法制化に向けて「社会保障・税番号大綱」を決定し、政府は二〇一二年二月一四日、番号法案を国会に提出しました。予定では、二〇一四年六月以降に「番号」を個人・法人に通知し、二〇一五年一月に利用を開始、さらに二〇一八年には民間利用など利用範囲の拡大を含めた番号法の見直しの予定になっています。

この番号制度は「国民総背番号制」と言われてきたものそのものです。二〇一一年五月二九日からはじまった政府の番号制度リレーシンポジウムで与謝野馨社会保障・税一体改革担当大臣（当時）は、「長い間、幾つもの政権が番号制度の必要性を自覚しており、過去に別の名称で導入に向けての整備を試みたが、政治的理由及び国民の情報保護の観点から実現できなかった。民主党政権下でこの作業が進んできたことは夢のようであり、革命的なこと」と挨拶しています。

一九七〇年代以降、政府はたびたび国民総背番号制の導入を図ってきましたが、その都度、プライバシー侵害と国家による管理への不安から強い反対を受けて実現しませんでした。しかし二〇〇九年九月に民主党政権ができて以降、急ピッチで実現に向けて突き進んでいます。

いま作られようとしている番号制度とは、どのようなものでしょうか。政府は番号制度創設に向けて全都道府県でリレーシンポジュームを開催していますが、その資料では「番号制度は、複数の機関に存在する個人の情報を同一人の情報であるということの確認を行うための基盤であり、社会保障・税制度の効率性・透明性を高め、公平・公正な社会を実現するための社会基盤（インフラ）」と説明しています。

私たちにはすでに基礎年金番号、運転免許証番号、各市町村が独自に付けている住民登録番号、保険証の番号などから様々な会員証の番号まで、多くの番号が付けられています。しかしこれらの番号はそれぞれの業務の目的のために、その対象者に限って付けられ、利用も限定された「限定番号」です。

しかしいま作られようとしている番号制度は、住民登録のある（定住外国人を含む）全ての国民に強制的に付番され、様々な「限定番号」をつないで広範な事務に汎用的に使用される「共通番号」であり、まったく違う新しい番号です。住基ネットで私たちに付けられた一一桁の「住民票コード」も、当初このような「共通番号」として利用されることが予想されましたが、強い反対にあって利用は限定されてきました。今回「共通番号」が作られれば、日本の歴史ではじめてのものです。

あらゆる社会生活に番号制度は「社会基盤」として関わります。この番号制度が私たちの日々の生活に何をもたらすのか、検討する必要があります。

2　私たちを一生追跡し丸裸にする番号制度

この社会基盤はどういうものでしょうか。一言で言えば、さまざまな機関に保有されている私たち一人一人の情報をデータマッチング（名寄せ）することで、「タテ」につなげて生涯にわたり追跡可能にし、「ヨコ」につなげて一覧可能にする基盤です。「社会保障・税番号大綱」では、こう述べています。

「……（社会保障や税の現状の問題点をあげ）これらの事態は、我が国において、複数の機関に存在し、かつそれぞれに蓄積される個人の情報が同一人の情報であるということの確認を行うための基盤が存在しないことが大きな要因となっている。年金のように国民一人ひとりの情報が生涯を通じて『タテ』につながる必要性や、医療・介護など制度横断的に自己負担上限額を定める場合のように国民一人ひとりの情報が分野を超えて『ヨコ』につながる必要性が、この基盤なしには充足し難い」（「大綱」三頁）

現在の社会保障や税金をめぐる問題が番号制度により解決するとは思えませんが、しかしこのように必要性を述べた一方で、「社会保障・税番号大綱」ではこの番号制度が基本的人権を侵害し民主主義の危機を招く危険があることも指摘しています。

「仮に、様々な個人情報が、本人の意思による取捨選択と無関係に名寄せされ、結合されると、本人の意図しないところで個人の全体像が勝手に形成されることになるため、個人の自由な自己決定に基づいて行動することが困難となり、ひいては表現の自由といった権利の行使についても抑制的にならざるを得ず（萎縮効果）、民主主義の危機をも招くおそれがあるとの意見があることも看過してはならない」（「大綱」一五頁）

この番号制度は、住基ネットを活用して作られることになっています。二〇〇二年にスタートした住基ネットに対しては批判が噴出し、二〇〇五年五月三〇日には金沢地裁で住基ネットを違憲とする判決がありました。その判決文が、この危険を的確に指摘しています。

「行政機関は、住民個々人について膨大な情報を持っているところ、これらは、住民個々人が、行政機関に届出、申請等をするに当たって、自ら開示した情報である。住民個々人は、その手続に必要な限度で使用されるとの認識のもとにこれらの情報を開示したのである。ところが、これらの情報に住民票コードが付され、データマッチングがなされ、住民票コードをマスターキーとして名寄せがなされると、住民個々人の多面的な情報が瞬時に集められ、比喩的に言えば、住民個々人が行政機関の前で丸裸にされるが如き状態になる」

これを国民総背番号制と呼ぶかどうかはともかくとして、そのような事態が生ずれば、あるいは、生じなくとも、住民においてそのような事態が生ずる具体的危険があると認識すれば、住民一人一人に萎縮効果が働き、個人の人格的自律が脅かされる結果となることは容易に推測できる」（平成一四年（ワ）第八三六号、平成一五年（ワ）第一一四号　住民基本台帳ネットワーク差止等請求事件）

誰もが持つ知られなくない個人情報が予想もしないところに伝わってしまったり、一度の過ちや失敗が一生消えない烙印になって立ち直れなくなったり、給付申請や健康管理のために提供した個人情報によって思わぬところで差別をされたり、偏った情報が集められて歪んだ人物像を作られてしまったり、行政が個人の弱みを把握して民主的権利の行使を妨害されたり……、こういう社会を誰が望むでしょうか。

この判決後、高裁・最高裁では住基ネットは合憲とされましたが、しかしそれらの判決もこの危険性を否定したわけではなく、住基ネットの個人情報保護措置によりデータマッチングの危険は現実のものにはなっていない、というのがその理由でした。金沢地裁判決を覆した名古屋高裁判決でも「国家機関等の公権力が上記のようにして個人の私的領域に属する情報を広く収集し、管理し、利用するような事態となった場合には、……その管理又は利用に関する法制度とこれに関連する同法制度の運用の実情のいかんによっては……憲法一三条に違反する状態にあるものと評価されるに至ることもあり得ないことではない」と指摘しています。

しかしいま作られようとしている番号制度は、データマッチングそのものを目的とするもので、まさにこれらの判決の指摘した危険性が現実のものになります。そのため番号制度の検討の中では、データマッチングの危険性を防ぐ対策をいろいろ述べていますが、はたしてそれで防げるのか、この危険性をこえる利便性があるのか、実施の前に検証が必要です。

3　住基ネットの危険性が現実化

住基ネットは一九九九年八月の住民基本台帳法改悪で導入が決まりました。私たち「やぶれっ！住基ネット市民行動」は住基法改悪に反対して活動をはじめ、二〇〇二年八月の住基ネット稼働の前、『私を番号で呼ばないで──「国民総背番号」管理はイヤだ』（社会評論社）を出版し、自治体で住基ネットに反対する活動を続けるとともに、住基ネットから国等に提供される本人確認情報の使われ方について、総務省、社会保険庁（当時）、東京都などに対して問いただしてきました。

私たちは住基ネットについて、それにより実現すると宣伝されている住民サービスがコストに見合った利便性にはつながらず、結局は市町村が管理している住民情報を背番号を付けて国等に提供するだけのシステムであり、基本的人権を侵害し地方自治を損なうものだと批判してきました。これがいずれはなし崩しに利用拡大されて国民総背番号制につながっていくと反対してきました。この私たちの批判が残念ながら現実のものになろうとしています。

住基ネットは世論の反対に配慮して利用が限定されていました。今回の共通番号はこの限定を取り外し、医療や福祉、納税など生活のさまざまな場面で使われます。

所得情報や差別的扱いの原因になるおそれのある病歴・病状、健康、介護、「障害」、失業・生活保護、母子世帯等のプライバシー情報が、コンピュータ・システムを介して行政等だけでなく民間でも共有されていくことになります。

個人を正確に特定する背番号が社会に流通することで、それを悪用した成りすましやデータマッチングの発生も必至です。

本人確認のために所持が必然化する「個人番号カード」は、常に所持して提示しないと生活できない「身分証」になっていくでしょう。

共通番号で個人情報を国がタテにつなげヨコに一覧して正確に把握することで、サービスの抑制や負担増に利用する可能性も生まれます。

このような共通番号制度によって、私たちの生活は大きく変わっていくにもかかわらず、その検討は十分されているとはいえません。

しかし政府は、国民の八割が制度を知らないうちに導入を決めてしまうおうと、二〇一二年二月一四日、国会に番号法案（行政手続における特定の個人を識別するための番号の利用等に関する法律案など三法案）を提出しました。二〇一五年一月の利用開始に向けて、政府の主催する番号制度のリレーシンポで出される数々の疑問にも応えないまま、ひたすら突き進んでいます。

この番号制度は、その時々で政府の説明も代わり、利用目的も利用範囲も仕組みも明確でなく、検討するのも容易ではありません。国会に提出された番号法案では、いままで「社会保障と税の共通番号」と説明されていたことを覆して、この番号制度は「行政が国民一人一人を識別するための番号をつくる」ことが目的であり、利用事務はその都度法律で定めることで何にでも使える道具だ、という説明に変わりました。

共通番号制度は個人情報の連携による相互利用が目的ですが、その肝心の情報連携のシステムをどのようなものにするかは、未だに決まっていません。そのような状態で、どうしてセキュリティ対策やプライバシー保護の妥当性を検討できるのでしょうか。制度導入と運用にかかる費用も説明されていません。それでどうして利便性とコストを比較検証できるのでしょうか。このような状況で少なくとも数千億円の費用がかかるという番号制度の実施を決めていくことは、拙速というほかありません。

4　本書の意図と内容

私たちはコンピュータ・システムの専門家ではなく、税と社会保障の実務に精通しているわけでもありませんが、住基ネットの問題にずっと取り組んできた立場から、今回の共通番号制度に対して警鐘を鳴らし、実施を止めなくてはいけないと考えました。

そのためにこの本では、番号制度の主に「影」の部分に焦点をあてて検討しています。また、監視社会や管理強化、プライバシー侵害などの問題からの批判だけでなく、現実に作られようとしている制度やシステムに内在する矛盾や問題点の検討にも力を入れました。共通番号制度そのものには賛成されている方も、現実に作られようとしている制度がこれでいいのか、検討していただきたいという思いからです。なお本書の内容は、二〇一二年二月末時点までの資料によっています。

第一章で今回つくられようとしている番号制度を理解するために、民主党が主導する政権になってからどのように検討されてきたかをふりかえります。

第二章では「社会保障・税番号大綱」が考えている番号制度を、できるだけ「大綱」の内容に則して具体的に整理し、問題点を指摘しました。とくに「大綱」では仕組みが明らかにされていない情報連携システムについて、現段階で公開されている資料をもとにできるだけ解明し、「システム上の安全措置」の危うさを検討しました。

第三章では、なぜいま共通番号制度が作られようとしているかを、政府の説明を検討しつつ、政府が国民総背番号制導入を目指してきた歴史と失敗した住基ネットの再構築という視点から、その意図を探りました。

第四章では、「社会保障・税番号大綱」公表後の実施に向けた動きを追いながら、このような状態で導入を決めることがいかに拙速であるかを述べています。

第五章では、二月一四日に閣議決定され国会に提出された番号法案（行政手続における特定の個人を識別するための番号の利用等に関する法律案など三法案）の内容と問題点を指摘しました。この法案は「社会保障・税番号大綱」までの説明とは大きく変わっており、内容の解明と問題点のさらなる解明の素材として整理しました。

第六章では、共通番号制度の問題点について、政府のいう「所得把握が正確にできる」「社会保障の充実」などの目的や「外国ではすでに実施し活用されている」という説明のまやかしを指摘しました。また共通番号制度が住基ネットを基礎に作られることにより、どのような問題が生じるかも指摘しました。

共通番号制度が私たちに何をもたらすのか、さまざまな立場で検証が広がることを期待しています。

第一章　民主党政権で番号制度はどのように検討されてきたか

今回の共通番号制度は、二〇一一年六月三〇日に政府・与党社会保障改革検討本部が決定した「社会保障・税番号大綱」に基づいてつくられることになっています。しかしこの「大綱」はわかりにくい上に、必ずしもそれに沿って実施の検討がされているわけでもなく、「大綱」を読んだだけでは理解することが困難です。

そこで民主党政権成立以降の検討経過をふりかえりながら、どのような番号制度が作られようとしているかをはじめに整理します。

1　はじまりは民主党のマニフェスト

二〇〇九年八月の衆議院選挙で民主党が大勝し、民主党を中心とした政権が誕生しました。選挙に向けた民主党政権政策マニフェスト二〇〇九では、年金・医療政策として「社会保険庁は国税庁と統合して『歳入庁』とし、税と保険料を一体的に徴収する」「所得の把握を確実に行うために、税と社会保障制度共通の番号制度を導入する」と述べていました。

また民主党政策集ＩＮＤＥＸ二〇〇九では税制の中で、より詳しくその導入目的が「真に支援の必要な人」の選別と「不要あるいは過度な社会保障給付の回避」にあることが述べられています。

「税・社会保障共通の番号の導入

厳しい財政状況の中で国民生活の安定、社会の活力維持を実現するためには、真に支援の必要な人を政府が的確に把握し、その人に合った必要な支援を適時・適切に提供すると同時に、不要あるいは過度な社会保障給付を回避することが求められます。このためには不可欠となる、納税と社会保障給付に共通の番号を導入します」（一九頁）

2　平成二二年度税制改正大綱で導入方針

これを受けて、平成二二年度税制改正大綱（平成二一年一二月二二日閣議決定）では、正しい所得把握体制の環境整備」のために番号制導入が方針となり、税制調査会のプロジェクトチーム（PT）と内閣官房国家戦略室を中心に府省横断的に検討を行い、「一年以内を目途に結論を得る」とされました。

「1．納税環境整備

(3)　社会保障・税共通の番号制度導入

社会保障制度と税制を一体化し、真に手を差し伸べるべき人に対する社会保障を充実させるとともに、社会保障制度の効率化を進めるため、また所得税の公正性を担保するために、正しい所得把握体制の環境整備が必要不可欠です。そのために社会保障・税共通の番号制度の導入を進めます」

しかしその一方でこの税制改正大綱では、共通番号を使っても所得の把握には限界があることも指摘されていました。

「2　個人所得課税　⑴所得税　⑶　改革の方向

的確に所得捕捉できる体制を整え、課税の適正化を図るために、社会保障・税共通の番号制度の導入を進めます。ただし、一般の消費者を顧客としている小売業等に係る売上げ（事業所得）や、グローバル化が進展する中で海外資産や取引に関する情報の把握などには一定の限界があり、番号制度も万能薬ではないという認識も必要です」

3　社会保障・税に関わる番号制度に関する検討会

この税制改正大綱に基づき「社会保障・税に関わる番号制度に関する検討会」が、民主党政権で新設された国家戦略室に二〇一〇年二月八日設置されました。

メンバーは菅直人副総理兼財務大臣をはじめ平野博文内閣官房長官、仙谷由人国家戦略担当大臣、原口一博総務大臣、長妻昭厚生労働大臣、古川元久国家戦略室長、松井孝治内閣官房副長官、渡辺周総務副大臣、峰崎直樹財務副大臣、長浜博行厚生労働副大臣とオブザーバーの尾立源幸参議院議員でした。

四月二一日まで五回開催されましたが、関係省庁だけで検討を進めヒアリングも番号制度推進の立場からだけで、過去に何回も大きな論議をよんだ「国民総背番号制度」導入を検討するには、あまりにも一方的で性急な検討経過でした。

1　導入目的も不明な「中間取りまとめ」

この検討会は、二〇一〇年六月二九日「中間取りまとめ（社会保障・税に関わる番号制度～三つの視点からの『選択肢』～〈国民の権利を守るための番号に向けて〉）」（以下、「中間取りまとめ」と略）を公表しました。

まとめといっても、番号制度が何のためになぜ必要か、という目的の説明もなく、導入を前提に選択肢を示した図が七頁あるだけのものです。

この図が、その後の論議の土台になっています。

まず選択肢Iとして、利用範囲について四案を示しました。

A案（ドイツ型）税務分野のみで利用

B案（アメリカ型）税務分野＋社会保障分野で利用

B―1　社会保障の現金給付に利用

B―2　社会保障情報サービスにも利用

C案（スウェーデン型）税務・社会保障の他、幅広い行政分野で利用

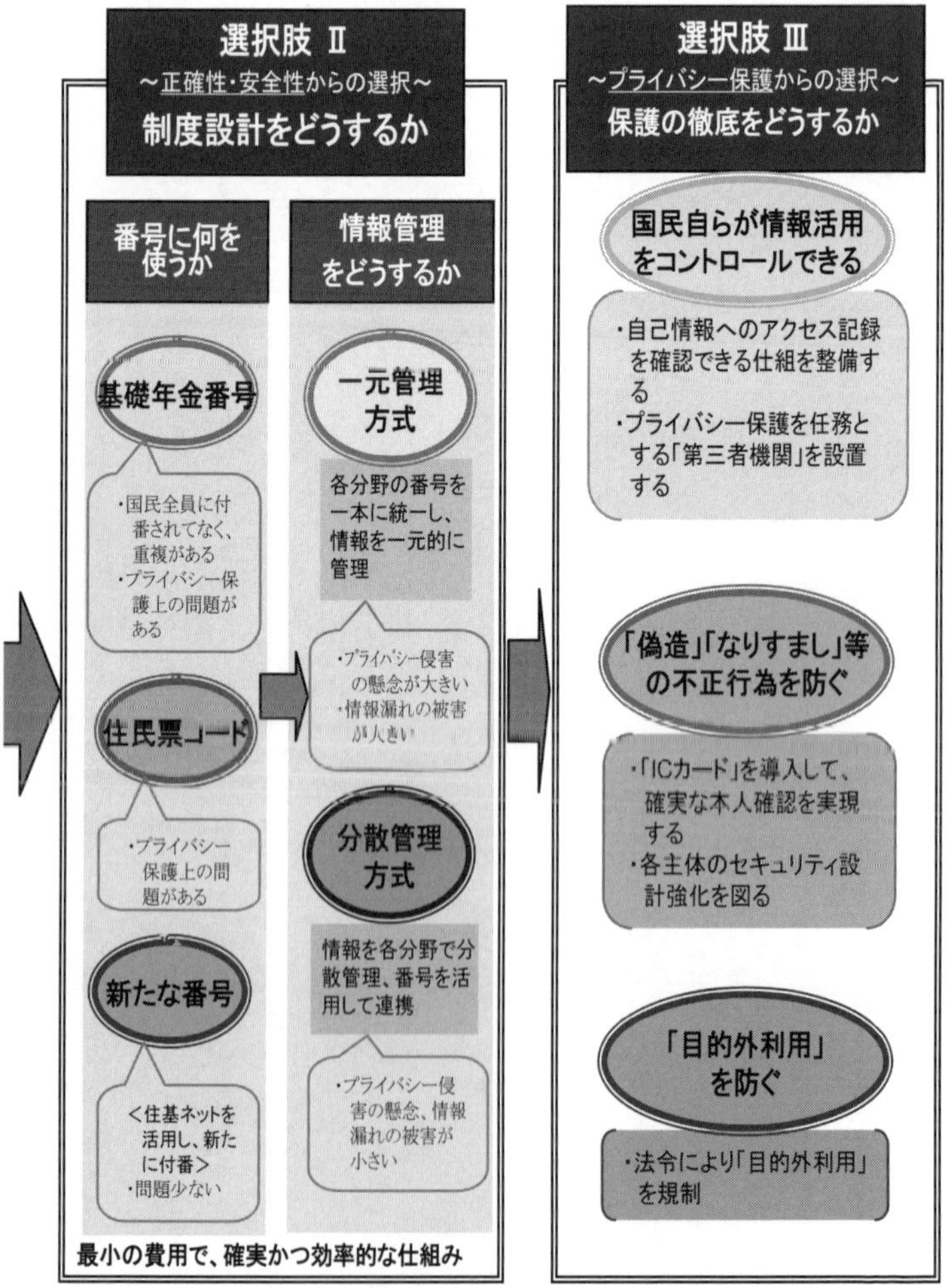
選択肢 Ⅱ
～正確性・安全性からの選択～
制度設計をどうするか
番号に何を使うか
情報管理をどうするか
基礎年金番号
・国民全員に付番されてなく、重複がある
・プライバシー保護上の問題がある
住民票コード
・プライバシー保護上の問題がある
新たな番号
＜住基ネットを活用し、新たに付番＞
・問題少ない
一元管理方式
各分野の番号を一本に統一し、情報を一元的に管理
・プライバシー侵害の懸念が大きい
・情報漏れの被害が大きい
分散管理方式
情報を各分野で分散管理、番号を活用して連携
・プライバシー侵害の懸念、情報漏れの被害が小さい
最小の費用で、確実かつ効率的な仕組み
選択肢 Ⅲ
～プライバシー保護からの選択～
保護の徹底をどうするか
国民自らが情報活用をコントロールできる
・自己情報へのアクセス記録を確認できる仕組を整備する
・プライバシー保護を任務とする「第三者機関」を設置する
「偽造」「なりすまし」等の不正行為を防ぐ
・「ICカード」を導入して、確実な本人確認を実現する
・各主体のセキュリティ設計強化を図る
「目的外利用」を防ぐ
・法令により「目的外利用」を規制

社会保障・税に関わる番号制度～３つの視点からの「選択肢」～
＜国民の権利を守るための番号に向けて＞

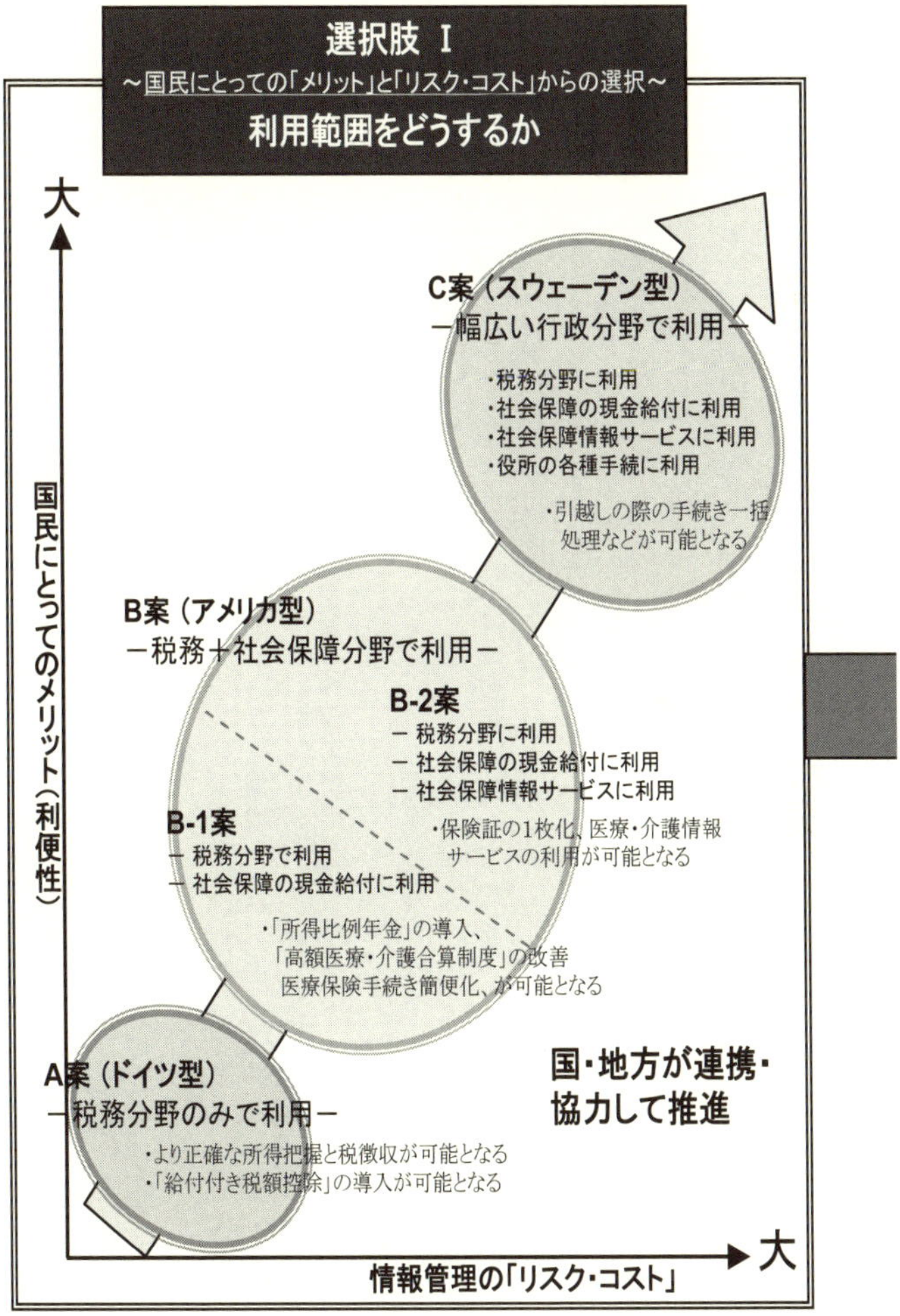

選択肢Ⅱは、制度設計についてです。

番号に何を使うかについては、「基礎年金番号」「住民票コード」「新たな番号」の三案を示していますが、基礎年金番号と住民票コードは納税者番号に使うのは望ましくないと指摘し、事実上「住民票コードと対応させた新たな番号」を推奨していました。

個人情報の情報管理方法については、

・各分野の番号を一本に統一し、情報を一元的集中的に管理する「一元管理方式」

・情報を各分野で分散管理し、中継データベースを通じて、共通番号を活用して連携する「分散管理方式」

の二案を示していますが、一元管理方式に対しては「一口情報漏れ等の事故が生じた場合に被害は甚大」と問題を指摘していました。

選択肢Ⅲは、プライバシー保護など国民の懸念へどう対応するかです。次の三つの懸念・リスクをあげていますが、とくに対策の選択肢が示されているわけではありません。

まず「国家管理」への懸念については、予想される事態として、国家による国民の監視・監督、国家によって国民の個人情報が支配されるのではないか、行政庁職員などによる盗み見・不正閲覧・持ち出しによる流出などに結びつくのではないか、などをあげています。対応策として、国民が自己情報へのアクセス記録を自ら確認できる仕組の整備と、国民のプライバシー保護を任務とする「第三者機関」を政府外に設置することを例示しています。

「不正行為」のリスクとしては、「偽造」「なりすまし」などによって不正にのぞき見されるのではないか、情報が漏れたり改ざんされたりするのではないか、ということを指摘しています。対応策として、ＩＣカードで本人確認ができる仕組み、個人情報を保有する機関のセキュリティの設計強化、「分散管理方式」の導入を例示しています。

「目的外利用」のリスクとして、勝手に個人情報を目的外に利用することが生じるのではないかと説明し、対応策として法令による「目的外利用」の厳密な禁止・罰則など規制の強化を例示しています。

この「中間取りまとめ」では、導入に係る費用・期間について「一定の前提を置いた粗い試算」を載せています。これは番号法の国会提出にいたるまで、唯一の公表された費用の試算でした。「海外事例や個別分野における過去のシステム改修費用等を参考とし、それと同程度の開発・改修が必要となる等という仮定に基づいて試算したもの」で、制度設計によって費用は異なることが注記されています。

それによれば、番号の付番関係で二〇〇億〜三〇〇億、情報連携基盤で五〇〇〜七〇〇億、税務関係のシステム開発で六〇〇〜一三〇〇億、社会保障関係のシステム開発七〇〇〜八〇〇億、個人情報保護関係で二〇〇〇〜三〇〇〇億程度で、計四〇〇〇〜六一〇〇億円が見込まれています。

ただしこの中に税務関係の調書の提出や医療機関・介護事業者などの民間セクターの開発費用は含まれず、運用経費（ランニングコスト）も別途必要となります。また費用を誰がどのように負担するかも今後の検討とされました。費用の算定根拠も不明で、コスト・パフォーマンスの検証もされないまま、導入計画は進められました。

2　反対意見を許さない意見募集の実施

この「中間取りまとめ」について、国家戦略室により七月一六日から八月一六日まで意見募集（パブリック・コメント）が行われました。募集にあたっては、「中間取りまとめ」では導入の趣旨も不明でこれでは国民の理解は得られないという政府・与党からの批判を受けて、導入の背景や目的と個人情報保護の必要性が補足されました。

そこでは「格差の拡大」や「少子高齢化」問題の解決策を短絡的に番号制度導入に結びつけ、所得と給付を国が管理しやすくすることにより、「真に手を差し伸べるべき人」に対する適切な給付や不正受給の防止を図り、「負担・分担の公正性」を可視化して「国民一人一人の所得・自己負担等の状況に応じたよりきめ細やかな制度設計」を可能にすると説明しています。

この意見募集は、導入を前提に「中間取りまとめ」で示した選択肢からいずれか望ましいものを選んでその理由を書くという形式で、自由意見欄もなく、導入そのものについての意見は求めていません。それどころか、制度全般についての意見は書くなとわざわざ注記して異論を封じています。

その結果、意見数は一四八件（団体五二件 個人九六件）で、選択肢Ⅰ「利用範囲をどうするか」については、A案一七件、B―1案一五件、B―2案一八件、C案七〇件、その他（選択できない、無回答など）二八件と発表されています。それでも、番号制度の導入に反対と明示したものが二二件、意見募集の方法に異論を述べたものが二八件あったと報告されています。

4　番号制度に関する実務検討会の設置

二〇一〇年六月に菅政権が成立してからは、「強い経済―強い財政―強い社会保障」という政策実現の要として、社会保障・税共通番号制度導入が国家戦略として急ピッチで進行しました。

一〇月二八日には菅首相を本部長とする政府・与党社会保障改革検討本部が設置されました（二〇一一年一二月に「政府・与党社会保障改革本部」に改称）。一一月一一日には内閣官房に「社会保障・税に関わる番号制度に関する実務検討会」が設置され、一二月三日には「社会保障・税に関わる番号制度に関する実務検討会　中間整理」（以下「中間整理」と略）を、二〇一一年一月二四日には「基本方針の主要論点」をまとめました。

この実務検討会も、委員は関係する省庁の大臣・副大臣・政務官だけで、オブザーバーに古本伸一郎民主党税制改正ＰＴ事務局長と亀井亜紀子国民新党政務調査会長が入っています。自民党政権時代の「社会保障カード（仮称）の在り方に関する検討会」が、学者・有識者で構成されていたこととは対照的です。

二〇一〇年一二月一四日には「社会保障改革の推進について」が閣議決定され、番号制度については幅広く国民運動を展開し国民の理解を得ながら推進する方針を決め、実務検討会「中間整理」をもとに「基本方針」をとりまとめ、可能な限り早期に関連法案を国会に提出することになりました。

5　ＩＴ戦略本部における「国民ＩＤ」とカードの検討

1　「新たな情報通信技術戦略」

番号制度を構築するもう一つの重要な流れが、自民党政権時代の二〇〇一年一月に設置された「高度情報通信ネットワーク社会推進戦略本部（ＩＴ戦略本部）」です。民主党政権下でも番号を使った行政間や民間との情報連携やＩＣカードについて検討してきました。

二〇一〇年五月一一日に発表した「新たな情報通信技術戦略」では、自民党政権下の総花的なＩＴ化を批判し、「新たな国民主権の社会を確立するための、非連続な飛躍を支える重点課題」として国民本位の電子行政の実現、地域の絆の再生、新市場の創出と国際展開の三本柱に絞り込んだ戦略を打ち出しました。これは新成長戦略と相まって、我が国の持続的成長を支えるものとされました。

この中で番号制度は、「国民ＩＤ（個人識別）」制度として、「1．国民本位の電子行政の実現⑴情報通信技術を活用した行政刷新と見える化」の重点施策の一つとされています。

具体的には「国民ＩＤ制度の導入と国民による行政監視の仕組みの整備」として、府省・地方自治体間のデータ連携を可能とする電子行政の共通基盤として国民ＩＤ制度を導入するとともに、公的ＩＣカードの整理・合理化、民間ＩＤとの連携可能性を検討するなどの取組をあげています。

六月二二日には、導入に向けた短期・中期・長期の工程表（スケジュール）案を示し、二〇一四年～二〇二〇年に国民ＩＤ制度のサービス提供開始としていました。

2　「国民ＩＤコードの考え方」

この工程表にもとづき、「電子行政に関するタスクフォース」が設置されました。その検討資料として「国民ＩＤコードの考え方」が二〇一〇年一二月に示されています。「国民ＩＤコード」とは「個人を一意に識別するための数字や文字列」で、「国民ＩＤ制度」とは「国民ＩＤコードを活用し、個人情報保護を確保しつつ、各分野間（行政機関間等）でデータ連携を可能とする情報連携基盤と制度」と説明されています（第一回タスクフォース資料六注記）。

そこでは国民ＩＤコードと社会保障・税の共通番号とを連携して情報連携を行う仕組みを検討する際の論点を次のようにあげています。

(1)　国民ＩＤコードの付番対象者の範囲。
(2)　一意性（国民ＩＤコードは一人に対して一つのみ付番すべきか）。
(3)　悉皆性《しっかい》（国民ＩＤコードは制度が対象とする全ての者に付番すべきか。国民ＩＤ制度を利用したくない者のニーズに応える方法としてどのような方法があり、そのような方法とした場合にどのような問題が生じるか）。
(4)　不可視性（コードを盗み見されるリスクへの対策やコードが漏洩した場合に名寄せされるリスク

への対策等の観点から、国民ＩＤコードは第三者が目視できないものとするか）。
(5)　可変性（変更不可とするか。変更可能とした場合、時系列で遡ることを可能とする方策や情報システムの安定的、効率的な運用を確保する方策として何があるか）。

共通番号を考える上でいずれも重要な検討課題が指摘されていますが、「大綱」ではこれらの課題に対しどのような検討をしたかは明確ではありません。

6　政府税制調査会での検討

この番号制度の検討は、「平成二二年度税制改正大綱」が「正しい所得把握体制の環境整備」として共通番号制導入を求めたところからはじまっています。

政府税制調査会ではこの大綱を受け、専門家委員会及び納税環境整備小委員会で検討し、二〇一〇年九月一四日に「納税環境整備に関する論点整理」をまとめています。これは委員から出された意見を整理したものですが、その中で番号制度については次のような問題・課題も指摘されています。

「低所得者の所得を把握することは、番号制度を用いても困難ではないか。特に、給付付き税額控除を無職の人等も対象として行うためには、番号制度だけでは対象者の確定は不可能であり、年末調整を受けない国民全員が確定申告義務を負う等の制度の導入が必要となりうるが、そのためには、運用体制の確保について相当に時間をかけた慎重な検討が必要」

「社会保障制度の充実・効率化、負担の適正化の観点からは、税務上は必ずしも必要でない情報（例えば、非課税とされる給付金の受給情報等）についても収集することが必要となりうるが、税務当局がこれを収集することは、国民のプライバシーの観点からも適当ではない」

「共通番号は、民―民―官で利用できる『見える番号』である必要があるから、アメリカで発生している個人情報の官民の無制限なアクセスや、成り済ましによる目的外利用等の弊害をどのように回避するかが重要。『中間とりまとめ』は、『見える番号』を共通利用することにより発生しうる問題点に正面から触れていないが、番号制度の導入のためには、今後、これらの点について国民が納得できる解決策を提示する必要」

「番号制度の運用上、一定程度、家族単位の情報を得て、番号を家族単位で管理する必要がある場合も生じうるのかもしれないが、どこまで、番号制度の下で把握すべきであるかという点については慎重な検討が必要」

これらは税・社会保障共通番号制度導入の意義にかかわる重要な指摘ですが、慎重な検討をしないまま導入に向けて突き進んでいきました。

その後平成二三年度税制改正に盛り込むべき事項を、二〇一〇年一一月二五日「納税環境整備プロジェクトチーム（ＰＴ）報告書」にまとめています。

そこでは税務面における番号制度（納税者番号）について、次のように述べています（三頁）。

「納税者に悉皆的に番号を付与し、

・各種の取引に際して、納税者が取引の相手方に番号を「告知」すること

・取引の相手方が税務当局に提出する法定調書及び納税者が税務当局に提出する納税申告書に番号を「記載」すること

を義務付ける仕組みとして利用される。

これにより、税務当局が、納税申告書の情報と、取引の相手方から提出される資料情報を、その番号をキーとして集中的に名寄せ・突合できるようになり、納税者の所得情報をより的確に把握することが可能となる」

そして納税者番号として用いるためには、①国民に悉皆的に付番されていること、②一人一番号が確保されていること、③民―民―官の関係で利用できること、④目に見えること、⑤常に最新の住所情報が関連付けられていること、という五条件を最低満たす必要があることを指摘しています。

なお実施にあたり検討が必要な課題として、

・法定調書の拡充

・税務当局への提出資料の電子データでの提出の義務付け

・税務行政における電子化の推進と情報連携の効率化
・共通番号の対象とならなかった者についての対応
・法定調書への正確な番号記載の確保策
・税務情報についてのプライバシー保護の徹底策

をあげていました。

7　民主党内での検討会

民主党内でも「税と社会保障の抜本改革検討会」や「税制改正ＰＴ」で番号制度が検討されてきました。

二〇一〇年一二月六日にはそれぞれのまとめが出され、いずれも番号制度の早期導入を求めていますが、税制改正ＰＴの「平成二三年度税制改正主要事項にかかる提言」では、番号制度についていくつか政府の検討とは若干異なる提言をしていました。

利用範囲では、国民にとっての利便性、情報管理のリスク・コストを勘案し、政府より利用範囲を限定してＢ―１案、すなわち税務分野、社会保障の現金給付での利用を推奨しています。使用する番号については、「住基ネットを活用」とする政府案に対して、住民票コードを利用して新たな番号を付番すべきとしています。付番機関についても、将来的に歳入庁の設置を検討するとされているが、当面は国税庁を中心としながら地方自治体等との連携を進めていくべきとしました。

8　「社会保障・税に関わる番号制度についての基本方針」

これらの検討を受けて、二〇一一年一月三一日に、政府・与党社会保障改革検討本部が「社会保障・税に関わる番号制度についての基本方針――主権者たる国民の視点に立った番号制度の構築――」(以下「基本方針」と略) を決定しました。

理念として、番号制度により次のような社会を実現するとしています。

(1)　より公平・公正な社会。
(2)　社会保障がきめ細やか且つ的確に行われる社会。
(3)　行政に過誤や無駄のない社会。
(4)　国民にとって利便性の高い社会。
(5)　国民の権利を守り、国民が自己情報をコントロールできる社会。

番号制度に必要な三つの仕組みとして、付番、情報連携、本人確認で番号制度を構成するとしていますが、その具体的な内容は今後の検討とされています。このうち付番については、「番号」は住民基本台帳ネットワークを活用した新たな番号とすること、付番及び情報連携基盤を担う機関の所管は総務省とすることが、また本人確認については、公的個人認証及び住民基本台帳カードを番号制度の導入に合わせて改良し活用することが方針となりました。

「番号」の利用範囲としては、「将来的には幅広い利用範囲（C案）での利用も視野に利用場面の拡大を目指しつつ、当面の利用範囲としては、主に社会保障と税分野（B案）で次に掲げる利用場面等を想定して制度設計を進めることとする」とし、社会保障、年金、医療、税務、申請・申告等の負担軽減の各場面をあげています。そして「地方公共団体から提案されている意見も尊重しつつ、引き続き利用場面の拡大を目指して、「社会保障・税番号大綱（仮称）」の策定時までに検討を進める」としていました。

また国民一人ひとりが自己情報へのアクセス記録を確認するとともに、行政機関等からの情報提供によりサービスを受けられるよう、インターネット上にマイ・ポータル（仮称）を設置するとしています。これは行政だけではなく、個人情報保護に配意しつつ民間サービスの活用も視野に検討することになっています。

個人情報保護の具体的方策としては、自己情報へのアクセス記録の確認、第三者機関の検討、目的外利用・提供の制限等の明示、関係法令の罰則の強化、プライバシーに対する影響評価の実施とその結果の公表、「番号」を取扱う事業者のあり方の検討が列挙され、「社会保障・税番号大綱（仮称）」に向けて検討するとしていますが、（実務）検討会のまとめた「中間とりまとめ」や「中間整理」で述べられていた番号制度のもつ危険性と「国民の懸念」については触れられていません。

今後の進め方としては、番号制度創設推進本部の設置と全都道府県で番号制度に関するシンポジウム開催、地方公共団体等との連携、法制の整備、ワーキンググループの設置、番号制度の導入に係る費用と便益の試算と開示を行うとしています。

9　検討組織と番号制度創設推進本部の設置

この基本方針を受けて、番号制度の検討組織が再編成されました。検討を重複なく迅速に進めるため、政府・与党社会保障改革検討本部とIT戦略本部の検討を一本化して「個人情報保護」と「情報連携基盤技術」の二つのワーキンググループ（WG）が設置され、共同事務局（事務局長：峰崎参与）を設置しました。

この両WGの下に、社会保障分野の情報の特性を踏まえた検討を行う「社会保障分野検討会サブWG」と各地方公共団体、関係省庁、民間ユーザー（日本年金機構、全国銀行協会、日本証券業協会、日本税理士会連合）等を構成員とする「情報連携基盤技術ユーザーサブWG」が置かれ、さらに平成二三年八月からは「情報保護評価サブWG」も設置されています。

また一月三一日には、番号制度を幅広く国民運動として展開して進めるために、菅首相（当時）を本部長とする「番号制度創設推進本部」が設置されました。

10　「社会保障・税番号要綱」

社会保障・税に関わる番号制度に関する実務検討会は二〇一一年四月二八日、「社会保障・税番号要綱」を公表しました。「『基本方針』を踏まえ進めてきた検討に基づき、法令その他で措置する事項の内容、番号制度の円滑な導入、実施、定着、利便性の向上に向けた実施計画等について、現段階での方向性を示すもの」という位置づけです。

この「要綱」で特徴的なのは、冒頭に基本的な考え方の一つとして「大災害時における真に手を差し伸べるべき者に対する積極的な支援」があげられていることです。災害時の利用はそれまでまったく検討されておらず、三月一一日の東日本大震災を受けて唐突に加えられました。具体的な利用事務も「大綱」で示すとされているだけです。番号制度導入の口実として使えるものはなんでも利用するという印象を与えるものです。

それにしても大災害時における「真に手を差し伸べるべき者」とはどういう表現でしょうか。東日本大震災で助けを求める人に分け隔てない救援活動が行われている最中に、助けを求めている人が「真に手を差し伸べるべき者」か否かの選別に活用することと述べる冷たいまなざしに、この番号制度の本質を見る思いがします。

11　「社会保障・税番号大綱」

二〇一一年六月三〇日、政府・与党社会保障改革検討本部は「社会保障・税番号大綱」を決定しました。この「大綱」は、「基本方針」と「社会保障・税番号要綱」を踏まえ進めてきた検討に基づき、今後の法案策定作業を念頭に、具体的に法令その他で措置する制度設計の内容、制度の円滑な導入、実施、定着、利便性の向上に向けた実施計画等について、政府・与党として方向性を示すものとされています。

「番号」の利用事務や法制度について、「社会保障・税番号要綱」よりさらに具体的に法案につながる内容になっていますが、かんじんの情報連携システムについては、やはり引き続き検討とされて具体的には述べられていません。

次の章で、この「大綱」を中心に、どのような番号制度が作られようとしているかを見ていきます。

第二章　「大綱」の考える共通番号制度と問題点

1　番号制度を支える三つの仕組み

「番号制度」とは、単に国民に番号を付けることではありません。番号を付けることによって「複数の機関に存在する個人の情報を同一人の情報であるということの確認」を行い、行政から民間まで複数の機関で個人情報を共有し利用する制度です（「大綱」一二頁〜）。

「中間取りまとめ」から「中間整理」までは、番号の付番方法と管理についてだけ説明されてきましたが、「基本方針」で番号制度は①付番、②情報連携、③本人確認の三つの仕組みで構成することが明確にされました。

1　付番

この番号制度では、個人番号と法人番号が付番されます。このうち個人番号について「社会保障・税番号」とか「共通番号」、「番号」、「国民ＩＤ」など紛らわしい表現をされていることが、わかりにくさの一因になっています。

この番号制度は、二種類の番号によって構成されています。一つは「社会保障・税番号大綱」では「番号」と表記されているもので、「社会保障・税（共通）番号」「利用番号」などと言われてきたものです。公募によって「マイナンバー」に決まりました。「所得情報の把握とそれを社会保障等に活用するための番号であり、国民が行政機関等の窓口で提示する番号」（「中間整理」九頁）

で、「見える番号」として使われます。

それに対して複数の機関の間で個人情報を特定し照合・突合するために使われるのが「国民ＩＤ」「ＩＤコード」「リンクコード」「情報連携ＩＤ」「連携番号」などと呼ばれてきた個人識別子です。「社会保障・税番号大綱」では「符号」とよばれています。もともとＩＴ戦略本部で国民ＩＤ制度として検討されてきたもので、私たちには通知されない「見えない番号」になることが予定されています。

「共通番号」という言い方は、今は主に「（社会保障・税共通）番号」を指して使われていますが、内容としてはこの「番号」や「国民ＩＤ」など、汎用的な情報共有のために付けられる番号の総称です。

「社会保障・税番号大綱」で説明されているのは、主に前者の「見える番号」についてです。「符号」と呼ばれる「見えない番号」の仕組みは、情報連携基盤ワーキンググループで検討中です。

なぜこのような複雑な番号の使い分けをしているのでしょうか。それは後述するように、マイナンバーという「見える番号」によって情報連携をすると、なりすましなどの犯罪や不法な情報収集を助長し、また「個人情報を一元的に管理する主体」が生まれ違憲状態になる危険がある、と政府は考えているからです。

この危険を避けるために「見える番号（マイナンバー）」と「見えない番号（符号）」を組み合わせた番号制度を作ろうとしていますが、しかしこのような使い分けのシステムは、複雑で国民にわかりにくくコストもかかる上に、技術的にも実現が可能か疑問視されています。そのためこの区別を曖昧にして情報連携してしまおうとする動きもあります。番号法案では「個人番号」に「番号」と「符号」を含めています。

この番号の使い分けがどうなっていくのかは、注目する必要があります。

この章では一般化している名称をふまえて、政府の報告類からの引用などを除き、以下、今回作られようとしている番号制度の総称を「共通番号制度」とし、「見える番号」を「番号」、情報連携用の「見えない番号」をその都度「符号」または「国民ＩＤ」「リンクコード」と呼んでいきます。

2　情報連携

情報連携とは「複数の機関において、それぞれの機関ごとに「番号」やそれ以外の番号を付して管理している同一人の情報を紐付けし、紐付けられた情報を相互に活用する仕組み」です（「大綱」一三頁）。

私たちの個人情報は、たとえば年金は日本年金機構で基礎年金番号によって、健康保険は市町村（国保）や健康保険組合、けんぽ協会などでそれぞれの被保険者番号によって、介護保険は市町村で介護保険受給者番号によって管理されています。運転免許は公安委員会で運転免許証番号によって、預貯金口座はそれぞれの銀行で口座番号によって管理されています。

このように私たちの個人情報はさまざまな機関でそれぞれの事務のための番号を付けてデータベースに記録されているため、たとえばある基礎年金番号を持っている人の健康保険証の番号が何番かということはわかりません。したがって仮にある人の健康保険での治療状況を日本年金機構が知ろうとすると、その人の氏名、住所、生年月日、性別などで健康保険組合に照会することになりますが、同一人でも記録している住所が違うとか生年月日が間違っているとか氏名の表記が違うなどのため、同一人か否かの断定ができないことは少なくありません。そのために唯一無二の個人番号をつけ、それをさまざまな機関で管理する個人情報のデータベースに記録しておくことで、その個人番号を個人識別の鍵として確実に同一人であることを確認して個人情報を共有しようというのが、共通番号制度の考え方です。

共通番号制度がはじまると、「番号」の利用が認められた機関（「情報保有機関」）では、提示された「番号」をそれぞれのデータベースに記録します。そのことによって「番号」がわかれば、たとえば日本年金機構から健康保険組合にその「番号」によって照会することで、ある人の情報を特定できるという仕組みです。そのためにはぞれぞれの情報保有機関で、たとえば基礎年金番号が何番の人の「番号」は何番である、という「紐付け」をしておく必要があります。そうすることで「番号」がわかれば「紐付け」された情報は、同一人であるということを確認しながら相互に活用できる、というわけです。

この相互に活用するために情報保有機関の間で個人情報をやりとりするコンピュータ・システムを「情報連携基盤」としています。

もっとも「大綱」では、この「番号」は広く見える番号として利用されるため、個人情報保護の観点から「番号」を直接この相互活用に使ってはいけないことにしています（一七頁、四二頁）。

その代わりに「見えない」識別子として、別に「符号」を一人一人に付けて情報連携に使うことにしています。

「基本方針」では、複数の機関において、それぞれの機関ごとに「番号」やそれ以外の番号を付して管理している同一人の情報について、国民ＩＤ制度で検討されている紐付けの方法（国民ＩＤコード）を用いて、それぞれを紐付けし、紐付けられた情報を相互に活用するための仕組みを「情報連携基盤」と称すると述べています（五頁）。そのためにこの仕組みは大変わかりにくくなっています。

今回の番号制度で作られる情報連携基盤は、「そのまま国民ＩＤ制度の情報連携基盤となり、将来的に幅広い行政分野や、国民が自らの意思で同意した場合に限定して民間のサービス等に活用する場面においても情報連携が可能となるようセキュリティに配慮しつつシステム設計を行う」（二〇頁）とされていますが、この将来的な利用については「大綱」では明確にされておらず、どこまで利用が広がるかはわかりません。

３　本人確認

共通番号制度がはじまると、私たちは「正当な利用目的」で「番号」を示すように求められたら、告知する義務を負うことになります（「大綱」三六頁）。しかし「番号」を口頭で伝えただけでは、他人が成りすまして別人の「番号」を言っている可能性もありますし、間違えた「番号」を伝えてしまう可能性もあります。そのため、

・「番号」を告知した個人が、「番号」の持ち主本人であることを証明する仕組み
・「番号」を告知した個人が、自分の「番号」が正しい番号であることを証明する仕組み
が必要になります。

この仕組みを「大綱」では「本人確認」と呼んでいます。この仕組みは、対面での本人確認とともに、電子的なオンラインでの本人認証にも活用する必要があります。「大綱」ではこの仕組みとして、住基カードを改良し、券面に基本四情報と顔写真が記載され、ICチップに「番号」を記録し公的個人認証サービスも標準搭載したICカード（個人番号カード）を、国民に交付するとしています（一四頁）。

住基（住民基本台帳）カードとは住基ネット（住民基本台帳ネットワークシステム）の開始にともない、二〇〇三年から希望者に市町村で交付されているカードです。内部にIC（集積回路＝ミニ・コンピュータ）が埋め込まれており、住民票コードが記録されるとともに表面には住所・氏名・生年月日・性別などが記載され、希望により顔写真付のカードにすることもできます。またICの中に希望により電子申請のため公的個人認証制度による電子証明書を記録したり、市町村の条例により独自の利用ができるようになっているものです。しかしあまり利用価値がないことや、住基ネットに対する国民の不安・不信のために、一〇年近くたっても累計で六〇〇万枚程度しか交付されていません。国民の五％程度しか所持していないという普及率の低さが、電子政府を進める上で問題になっていました。

「大綱」では、この住基カードを「改良」したICカードを本人確認に使うことにしていますが、

そのカードの内容は決まってはいません。

2 「番号（マイナンバー）」――新たな背番号の付番

共通番号制度を支える三つの仕組みで述べたように、今回の共通番号制度は、
・「見える番号」（「社会保障・税番号」「番号」「マイナンバー」）
・「見えない番号」（「国民ＩＤコード」「情報連携ＩＤ」「リンクコード」「符号」）
という二つの番号の組み合わせにより情報連携を行おうとしています。

以下では、このうち個人に付番される「見える番号」について整理し、「見えない番号」については、情報連携のところで述べることにします。

1 「番号」の五つの要件

この「番号（マイナンバー）」は次の五つの要件を備えることが求められています（「中間整理」九頁、「社会保障・税番号大綱」一三頁）。これは政府税制調査会の「納税環境整備ＰＴ報告書」が、納税者番号の五条件としたものと同じです。

(1) 全員（負担や給付の対象となる外国人や法人も含む）に、悉皆的に（一つ残らず全てに）付番されていること

(2) 全員が唯一無二の番号を持っていること（名寄せ・突合を効率的・正確に行うため）

(3)「民―民―官」の関係で利用可能なこと
(4)目で見て確認できる番号であること
(5)最新の「基本四情報」が関連付けられていること

(3)の「民―民―官」の関係とは、納税者番号として利用する際に、例えばA社からB個人に報酬が支払われた場合に、B個人が得た報酬を国・地方が把握するには、B個人の番号が記載された支払調書が、A社から国・地方に提出される必要があり、そのためB個人は、自身の番号をA社に対して示さなければならない、この意味で番号はB個人(民)→A社(民)→国・地方(官)と利用されるものである必要があると説明されています(一三頁)。

また(5)最新の基本四情報との関連付けは、「同姓同名同生年月日の人同士を区別するために必要であるほか、地方における社会保障給付や課税などを、どの地方公共団体が行うべきか定めるために必須」と説明されています。

2　「番号」に何を使うか

二〇一〇年六月二九日の「中間取りまとめ」でこの「番号」として使う候補として①基礎年金番号、②住民票コード、③新たな番号の三案を示していました。

基礎年金番号については、問題点として「国民全員に付番されておらず、重複もある」ことを指摘、基礎年金番号と住民票コードについては納税者番号としてのオープンな利用を想定して「プライバシー保護の観点から、納税者番号として商取引相手などに見せるのは望ましくない」と指摘していました。それに対して「新たな番号」については、「住民票コードと対応させた新たな番号を付番するならば、上記のような問題を避けられ、投資コストも抑えられる」と推奨していました。パブリックコメントでは、基礎年金番号一七件、住民票コード三三件　新たな番号六九件という結果になっています。

基礎年金番号とは、年金管理のために一九九七年に導入された一〇桁の番号です。そのため付番対象は年金加入義務のある二〇歳以上か、二〇歳未満で就労し年金手帳を取得した人になり、それ以下の年齢では付番されていません。基礎年金番号によりそれまで複数の年金手帳の番号をもっていた人を一人一つの番号に統合していくことになっていましたが、統合できずに「消えた年金記録」問題が起きました。重複付番も解消していません。また用途は平成一九年七月の国民年金法等改正で法定化され、国民年金事務等の遂行のため特に必要がある場合を除き、行政機関等による年金番号の告知要求を禁止するとともに、それ以外の者による基礎年金番号の利用は禁止されています。

住民票コードは、二〇〇二年八月の住基ネット導入により住民登録をしているすべての人に付番された一一桁の番号です。住基ネットが国民総背番号制として使われることへの不安が強かったため、利用は法律で厳しく限定され、違反には罰則も規定されています。そのために納税者番号としてそのまま使うことはできず、また外国人や海外在住の日本人には付番されていないなど、納税者番号や社会保障番号として使用するには不備もあります（二〇一二年七月から一定の要件を満たす外国人にも付番がはじまります）。

二〇一〇年一二月三日の「中間整理」では、「番号」が備えるべき五要件をのべ、どの番号を使うにしても、氏名・住所等を随時把握しておく必要があり、住基ネットを活用することが適当との考えを示しました。

二〇一一年一月三一日の「基本方針」では、住民基本台帳ネットワークを活用した新たな番号とし、「番号」の名称は、国民の公募により決定する方針が決まりました。

3　管理方法は「一元管理」か「分散管理」か

「中間取りまとめ」では、管理方法として「一元管理方式」と「分散管理方式」の二つの選択肢を示していました。

「一元管理方式」は「各分野の番号を一本に統一し、情報を一元的・集中的に管理」と説明され、アメリカや韓国が例示されています。一元的・集中的に管理できるので管理・連携は容易であるものの、「プライバシー侵害の懸念があり、一旦、情報漏れ等の事故が生じた場合に被害は甚大である」と課題を指摘しました。「分散管理方式」は「情報を各分野で分散管理し、中継データベースを通じて、共通番号を活用して連携」とされて、オーストリアが例とされています。中継データベースの運営管理等が必要となることを課題としています。

しかしこの「一元管理」「分散管理」という表現は意味が曖昧で、住基ネット訴訟でも争点になってきました。「中間整理」では、これを、

・〝番号〟の管理方法として分野を超えた情報を統一の番号でもって管理をするか、分野ごとに

異なる番号をもって管理するか。

・〃データベース〃の管理方法として分野を超えたデータを一カ所で集中して管理するか、分野ごとに別々の機関・データベースで管理するか。

という二つの問題に分け、それぞれに一元管理か分散管理か、という選択肢をあげています。

番号の一元管理とは、たとえば基礎年金番号や保険証の番号など既存の番号を共通の番号に置き換えてしまうというやり方で、分散管理とは基礎年金番号などはそのままにしてそれらを共通番号でつないで照会可能にする、というやり方です。

またデータベースの一元管理とは、巨大なデータベースに年金や医療、介護、税……などすべての情報を記録して管理する方法で、分散管理とは各分野のデータベースはそのままにしてその間を連携する方法と考えられています。

「基本方針」では、「各分野で利用されている既存の番号は、当分の間、並存する」「各府省・関係機関・地方公共団体等のデータベースに分散して保有されているデータについては、共通番号制度導入後も引き続き、各府省・関係機関・地方公共団体等のデータベースによる分散管理方式とする」（六頁）方針になりました。ただ「当分の間」というのが、将来は番号を一本化する想定なのかどうか、「大綱」でも不明です。

4　総務省が一元管理する共通番号制度

「番号」を付番し管理する機関をどこにするのかについては、「中間取りまとめ」では選択肢になっていませんでしたが、「中間整理」では「①歳入庁②内閣府③総務省④国税庁⑤厚生労働省」等を挙げていました（一二頁）。税制改正大綱では歳入庁が適当とされましたが、創設には期間がかかるので、まずは既存の省庁におくことも検討とされました。情報連携基盤の所管も今後の検討となっていました。「基本方針」では、「歳入庁の創設」の検討を進めるとともに「まずはどの既存省庁の下に設置すべきか」については、「個人に対する付番及び情報連携基盤を担う機関の所管は、総務省とする」とされました（五頁）。

「大綱」でも、この点は基本方針を踏まえる（一三頁注）とされています。それにより総務省が、番号の付番と情報連携基盤を所管するとともに、「番号生成機関」も総務省の外郭団体である「住民基本台帳法に規定する指定情報処理機関（＝地方自治情報センター）を基礎とした地方共同法人」（四一頁）とされ、さらに後に述べる「マイ・ポータル」の運営も「情報連携基盤の運営機関と同一の機関とする」（四四頁）となり、共通番号制度のベースとなる住基ネットを所管している総務省が、この共通番号制度のシステムを一元的に集中管理する仕組みになっています。

この共通番号制度によって行き詰まった住基ネットを衣替えして、反対が強くて住基ネット導入時に目論んで果たせなかった国民総背番号制への利用を実現し、省庁間の縄張り争いで主導権を握りたいという総務省の狙いがうかがえます。

5　付番対象は？「全員に」とは誰を指すのか？

この共通番号制度は「全員に悉皆的に（もれなく）付番」とされています。しかしこの「全員」

というのがどの範囲で誰を指すのかは、それほど簡単ではありません。「中間整理」では「負担・給付の対象となる外国人や法人も付番が必要である」と注記されているだけで、対象は不明確でした。「基本方針」で「付番対象となる個人は、住民票コードの付番履歴を有する日本国民及び中長期在留者、特別永住者等の外国人住民」（五頁）とされました。

「大綱」ではより具体的に、

・住民票コードが住民票に記載されている日本の国籍を有する者。

・住基法第三〇条の四五の表の上欄に掲げる中長期在留者、特別永住者等の外国人住民。

と明記されています（二六頁）。

日本の住民管理制度は、日本国籍を有する住民を住民基本台帳で管理し、外国籍の住民については在留資格がなくても九〇日以上居住していると外国人登録制度で管理してきました。二〇〇九年七月に住民基本台帳法と出入国管理法が改定され、二〇一二年七月から外国人登録制度は廃止され、外国人も住民登録をし住民票コードが付番されることになっています。住基法第三〇条の四五の表というのは、その改定された住基法で外国人住民に係る住民票の記載の特例について書いてあるところです。そこでは次の者が住民登録の対象になっています。

・中長期在留者（三カ月を超える在留資格が認められた外国人）。

・特別永住者（戦前から日本に住む旧植民地出身者である在日韓国・朝鮮人、在日台湾人）。

・一時庇護許可者（難民として認定される可能性がある外国人）又は仮滞在許可者（難民認定の申請をした外国人のうち仮に日本に滞在が許可された人）。

・出生による経過滞在者又は国籍喪失による経過滞在者。

共通番号制度は住基ネットを活用して作られることになっているため、住民票コードの付番対象者「全員」に「番号」を付番するという考えになっています。

これで対象は明確なようですが、しかし「住民票コードの付番対象者」と「負担・給付の対象者」は一致していません。

たとえば住基ネット開始以前から海外に居住している年金受給者には基礎年金番号はありますが住民票コードは付番されていません。

外国人でも在留資格が認められた期間を超えて滞在を続けているオーバーステイの人は、現在は外国人登録をされていても法改定後は住民登録がされませんが、労災保険や厚生年金、母子保健や医療費助成など様々なサービスの対象者です。

住基ネット開始前に住民票を職権消除されて失い、以後住民登録していない人（できない人）にも住民票コードはありません。

福祉サービスの受給者の中には、戸籍のない日本人や記憶を失い戸籍や住民登録の不明な人もいます。

この他にも住民票コードは付番されていても、住民登録地とサービスを受けている実際の居所が違う人（DVから逃げている母子世帯や介護・福祉施設入所など）や、居所を失い住民登録を消除されている人など、住基ネットの情報では把握できない人は少なくありません。

現実には行政機関では、住民登録がない住民に対してもサービスを提供するためにさまざまな工夫をしています。外国人も住民登録する住基法改定にあたっては、国会でオーバーステイなど住民登録がされない人々に対しても権利やサービスが後退しないよう市町村や国が適切に対応することが付帯決議されています。しかし共通番号制度ができることで住民票コードがない人に対する給付やサービス提供がどうなるのか、説明されていません。

6 「番号」をどのように付番するか

「番号」の付番は市町村にとっては負担の大きな仕事になりますが、その事務の流れは明確になっていません。

「基本方針」では「付番機関は付番を行うため、付番の基礎となるデータ（住民基本台帳に記載されている四情報〔住所、氏名、生年月日、性別〕、法人等の特定に必要な三情報〔商号又は名称、本店又は主たる事務所、会社法人等番号〕を保有している機関から必要な情報提供を受けるものとする」（五頁）とされていました。

「大綱」では、付番については以下のことが述べられているだけです（二六頁、四一頁）。

・重複付番を防止するため「番号」の生成を行う機関は一つだけ（番号生成機関）とする。
・番号生成機関は市町村長に対し住民票コードと一対一で対応する「番号」を指定し通知する。
・市町村長は、出生等により新たに住民票に住民票コードを記載した場合には、番号生成機関から指定された住民票コードに一対一対応した「番号」を書面により個人に通知するとともにに、住民票に「番号」を記載し、「番号」と本人確認情報を都道府県知事及び番号生成機関に通知する。

「番号」の変更については、住基ネットと同様に変更を請求することはできるものの、「変更請求の要件等については、特段の要件を設けないこととする案や、「番号」の悪用により不利益を受けた場合その他市町村長が適当と認める場合等に請求できることとする案等が考えられるが、行政事務コストやシステム上の負荷等の観点も踏まえ、今後、番号法案策定時まで引き続き検討する」としており、住基ネットと違って変更申請に要件が設けられる可能性を示唆しています。住基ネットでは住民票コードを理由を問わずに申請により変更できるとしていますが、それは住民票コードが漏洩してもそれによって違法なデータマッチングが行われないようにする個人情報保護策として認められているものです。銀行等の暗証番号さえ随時変更することが求められている時に、もし「番号」の変更が容易にできなくなれば、「番号」を使った違法なデータマッチングを助長することになります。

住基ネットが導入されたとき、住民票コードは任意に変更可能だから国民総背番号制度ではない、という意見もありました。「番号」と「国民ＩＤ」はともに住民票コードから生成することになっていますが、住民票コードを変更した場合に住民票コードに一対一で対応する「番号」や「国民ＩＤ」も変更になるのか、あるいは住民票コードの変更もできなくなるのか、「大綱」でも番号法案でも明らかではありません。

3 「番号」を何に利用するか

1 利用事務の検討経過

「中間取りまとめ」では、利用事務として四つの選択肢をあげていました。

A案＝税務分野だけで番号を使用。ドイツ型。より正確な所得把握と税徴収、「給付付き税額控除」の導入などに利用。

B案＝税務分野と社会保障分野で利用。アメリカ型。そのうち社会保障では現金給付だけに利用するのをB―1案として、所得比例年金の導入、高額医療・高額介護合算制度の改善、医療保険などの申請手続きの簡便化、社会保障の不正受給の防止などの利用をあげています。さらに社会保障の現物給付や情報サービスまで利用するのをB―2案として、年金手帳・医療保険証・介護保険証等を一枚化、自らの健診情報やサービス利用や費用支払情報の提供、過去の投薬内容等を複数の病院間で参照などの利用まで広げています。

C案＝さらに幅広い行政分野で利用。スウェーデン型。役所での各種手続きの簡素化・迅速化・正確性の向上、行政からのお知らせをパソコンや携帯電話などで確認、などに利用。

「中間整理」ではA案からC案と利用範囲を拡げるにつれ扱う情報が増え、その分プライバシーの保護の必要性も相対的に高まるので、「国民のメリット（利便性）」と「情報管理のリスク・コスト」のバランスを考慮して利用範囲を検討しなければならないとしていました。

「基本方針」では、「将来的には幅広い利用範囲（C案）での利用も視野に利用場面の拡大を目指しつつ、当面の利用範囲としては、主に社会保障と税分野（B案）で次に掲げる利用場面等を想定して制度設計を進める」（九頁）方針を決め、「当面の情報連携の範囲は、年金、医療、福祉、介護、労働保険の各社会保障分野と国税・地方税の各税務分野とする」（六頁）としました。

「社会保障・税番号要綱」では、これら年金・健康保険・介護保険・雇用保険・国税・地方税の各分野に、社会保障サブワーキンググループにおける検討や全国知事会、全国市長会及び全国町村会からの意見の実現に向けた検討により利用範囲を拡充するとしています。また東日本大震災を受けてそれまで検討されていなかった「大災害時における支援への有効活用」が唐突に追加されました。

2　番号法を想定した当面の利用事務

「大綱」では、現行の事務で「番号」を利用する手続きを、第3法整備　Ⅲ「番号」を告知、利用する手続の範囲（二七頁）で列記し、その付番によって実現しようとする制度やサービス、効率化などを「番号制度で何ができるか」（六頁）で述べています。

しかし現行事務への付番と実現しようとする制度との間には飛躍があります。

「大綱」では、当面の利用事務として以下の各分野に掲げる範囲を念頭に置きつつ、さらに法案策定までに精査するとしています。

一　年金分野……年金の届出や裁定請求、受給などの手続きで、基礎年金番号等に代えて「番号」を用いることができる。

二　医療分野……健康保険の届出・受給・保険料支払い、母子保健法・児童福祉法・原爆被爆者援護法・障害者自立支援法などの医療給付の申請などで、国民と保険組合等・医療機関・薬局などが、被保険者証の記号番号に代えて「番号」を用いることができる。

三　介護保険分野……国民と国・都道府県・市町村そして介護サービス事業者が、資格に係る届出や受給・保険料手続きなどで、被保険者証の番号に代えて「番号」を用いることができる。

四　福祉分野……児童扶養手当・精神保健手帳の交付・生活保護の申請・母子寡婦福祉資金や生活福祉資金の貸付申請などで、国民と国・都道府県・市町村・社会福祉協議会が「番号」用いることができる。

五　労働保険分野……雇用保険の被保険者資格の届出や失業等給付の受給、職安での職業紹介の申込、労災の保険給付支給などで、国民と国や適用事業所は「番号」を用いることができる。

六　税務分野……国税では本人や税務代理人等が税務署長等に提出する確定申告書や法定調書等に「番号」を記載するとともに、税務署員等が国税の賦課や徴収のために行う事務に「番号」を用い、地方税でも地方公共団体に提出する書類への記載や、地方公共団体が地方税の賦課や徴収の事務に「番号」を用いることができる。
七　その他……社会保障及び地方税の分野における手続のうち、地方公共団体の条例に定めるものに係る利用など。

これらは現行の事務に「番号」を使用するものですが、年金や医療、介護、労働保険分野などの手続きはすでに基礎年金番号や被保険者証等で行われており、後述の「番号」により実現するというサービス等が実施できなければ、代わりに「番号」を用いる意味はありません。

福祉分野の手続きで「番号」をどう用いるのかも、「大綱」では不明です。「番号」は記載しただけでは意味はなく、情報連携基盤を介して他の機関の保有する個人情報を照会・利用するためのものですが、児童扶養手当などでは婚姻関係情報が手続きに必要で、精神保健手帳では精神科の通院情報・病状の情報、さらに生活保護の申請では預貯金や生命保険などの資産情報や収入、親族関係、職歴に至るまで広範な個人情報が関わります。これらの個人情報は現在は申請者が資料として提出したり、本人の同意を受けて行政機関が照会しており、本人の同意がないまま自由に参照出来るようになることには、人権上の問題があります。

3　「番号」で実現するとされている事務の危険性

「大綱」では、将来的には幅広い分野での利用も目指しつつ、当面は、主に社会保障と税分野において、関係機関のシステム対応等を前提に、次に掲げる制度の実現、利便性やサービスの質の向上、行政事務の効率化等を実現することを想定して検討を進めるとしています（六頁）。将来的にどのような幅広い分野でどのように利用するかは示されないまま、共通番号制度の実施が進められようとしています。

現行事務への「番号」の付番によって、将来は次の六点の実現を想定しています。しかしこれらの中には個々にはすでに実施されているものがある一方で、さまざまな制度改正や個人情報保護上の課題を解決しなければ実施できないものもあります。「番号」を付け、その情報連携システムを整備するだけで実現できる問題ではありません。

㈠　よりきめ細やかな社会保障給付の実現

社会保障の給付と負担の情報を各機関で共有することで、個人や世帯の状況に応じたきめ細やかな給付の実現が可能になるとして、①総合合算制度の導入、②高額医療・高額介護合算制度での費用立て替えをなくす、③給付過誤や給付漏れ、二重給付等の防止をあげています。

「総合合算制度（仮称）」は家計全体で医療・介護・保育・障害に関する自己負担の合計額に上限を設定して、負担軽減をはかると説明されています。しかしこの「家計」「世帯」の把握には困難があります。共通番号制度の基礎となる住基ネットで管理している情報に「世帯」情報はなく、誰と誰を同一家計として合算すればよいかわかりません。仮に住基ネットで管理する情報に世帯情報を追加したり戸籍情報を参照できるようにしても（それはプライバシーの問題があるため行っていないことですが）、たとえば、介護や障害の施設に入所している場合に住民登録をしている住所地ではなく入所前の居住地が費用負担をする住所地特例の制度があり、その場合医療費も国民健康保険と社会保険で取扱いが異なるなど制度毎に条件は異なり、合算対象となる家計をどう判断するかも課題です。

また「高額医療・高額介護合算制度」というのは平成二〇年四月から導入された制度で、同じ世帯内の同一の医療保険加入者について、一年間に「医療保険」と「介護保険」の両方に自己負担があり、その自己負担の合計が「合算療養費制度」の自己負担限度額（世帯員の所得によって設定）を超えた場合、申請によって自己負担限度額を超えた金額が支給される制度です。これを後から支給するのでなく上限額以上は支払わなくて済むようにすると説明されていますが、この上限は一年単位で設定されており、医療費は審査の後に支払額が確定するため、どの時点で立て替えを不要とするのかなど制度設計に課題があります。厚生労働省自身、医療や介護の給付は個々の事例により異なり個人単位でも社会保障の給付と負担の関係を毎月など定期的に示すことは実務上困難、と認めていました（平成一三年第九回経済財政諮問会議　坂口元厚生労働大臣提出資料）。

これらの合算制度には、負担の上限設定とは逆に、給付の上限設定につながる危険があります。また財源が手当できなければ、軽減は行えません。

㈡　所得把握の精度の向上等の実現に関するもの

税務当局が所得情報や扶養情報を「番号」と「法人番号」によって効率的に名寄せ・突合することで、正確な所得把握に資する、としています。そのために確定申告等の提出者や法定調書の提出義務者に「番号」の記載を求めることになります。

しかし所得把握のためには、法定調書をどこまで拡充するかが課題になります。共通番号制度推進の立場にたつ森信茂樹中央大学法科大学院教授も、所得の正確な把握のためには、番号を導入するだけでは十分ではなく、法定調書の範囲をどこまで拡大するかという点が重要だと指摘されています。(『どうなる？どうする！共通番号』日本経済新聞社、一五四頁)。

法定調書とは、税法によって税務署に提出が義務づけられている書類で、「給与所得の源泉徴収票・給与支払報告書」「退職所得の源泉徴収票・特別徴収票」「報酬、料金、契約金及び賞金の支払調書」「不動産の使用料等の支払調書」などがあります。森信教授によれば、法定調書に番号の記載を義務づけることによって正確で効率的な個人の特定と名寄せ・突合は可能になりますが、そもそも法定調書として提出されていない所得は把握できません。預貯金残高や投資残高、保有不動産、貴金属、海外口座といった資産に関する情報は法定調書の対象ではなく、個人事業主の事業所得に関する法定調書もありません。法定調書の範囲を拡大すれば所得把握できる範囲は広がるかわりに、プライバシー侵害も高まるというトレード・オフの関係にあります。森信教授も「国民一人一人の口座残高まで全て把握すべきでしょうか」「普通の納税者の懐に直接手を突っ込むような徴税国家になることだけは避けなくてはなりません」と指摘されています。法定調書の範囲を広げることによるコストの増大や、資産把握が広がれば資産家が海外に資産を移すことが危惧されるなど、さまざまな問題解決も必要です。

またこの税務での利用については、「納税者番号」がどうなるのかが明らかにされていません。

政府税制調査会のＰＴが述べていたように、税務面においては番号制度は納税者に悉皆的に番号を付与することで、

⑴　取引の相手方が税務当局に提出する法定調書及び納税者が税務当局に提出する納税申告書に番号を「記載」すること

⑵　各種の取引に際して、納税者が取引の相手方に番号を「告知」することを義務付ける仕組みとして利用するとされていました。

しかし「大綱」では当面の利用事務としても、実現するとされている事務としても、税務当局に提供する⑴が述べられているだけで、本来の納税者番号と言える⑵についてはまったく触れられていません。「番号」の五条件はこの⑵を利用を想定している（目で見て確認できる番号であることなど）にも関わらず、利用事務で⑵が載っていないのは不自然です。

民間相互で利用しなければ、「見える番号」をあえて新たにつくる意味はありません。しかし民間で広範に「番号」を利用するようになると、不正に「番号」をつかってデータマッチングをしたり他人に成りすまして悪用する危険性が飛躍的に高まります。民間相互での「番号」利用を曖昧にすることで、この危険性を隠しながら番号制度を導入しようとする意図が感じられます。

㈢　災害時の活用に関するもの

①災害時要援護者リストの作成及び更新、②災害時の本人確認、③医療情報の活用、④生活再建への効果的な支援に利用するとしています。

しかし①の災害時要援護者リストは、共通番号制度で分野横断的に要援護者の情報を集約しなくても、要介護認定や障害等級等の情報は市町村でわかっており、すでに各市町村で作成が進められています。その際には要援護者本人の同意をとるなどの配慮をしています。リストは作れば役立つものではなく、そのリストを使った地域の救援救護の仕組みづくりと平行して進めなければ効果はありません。共通番号制度でデータを抽出して画一的に作り提供できるようなリストではありません。さらに要介護高齢者や障がい者のリストは、漏洩すると悪質な訪問販売などに悪用されるおそれもあります。

②災害時の本人確認も、個人番号カードを持っていなければ機能しません。もし救助救援に「番号」が必要であれば、被災時に個人番号カードを所持していないと、支援が受けられなかったり後回しにされかねません。被災地で「知恵を出さないやつは助けない」と暴言をはいて辞任した担当大臣がいましたが、避難しても個人番号カードを持っていなければ助けない、というシステムを作るつもりでしょうか。

③医療情報の活用も、災害時に通信・電気などが途絶したりコンピュータ・ネットワークが使えなければ、役に立ちません。むしろかかりつけ医や服用している薬や疾病名などを紙に書いて財布などに入れておいた方が、よほど役に立つのではないでしょうか。

④生活再建にどう「番号」を利用するのかは不明ですが、今回の東日本大震災のように住民票をそのままにして他の地域に避難している場合は、住基ネットの情報を元にする共通番号制度では居所の把握さえできません。住基カードの市町村独自利用システムの一つとして、国（地方自治

情報センター）は災害時に避難者情報の登録等を行うサービスシステムをつくり市町村に無償提供して利用を働きかけてきましたが、利用しているのはわずかに七市町村だけです（平成二三年四月一日現在　総務省のサイトより）。日弁連も災害時の利用については非現実的であり、かつ「共通番号」の必要性が疑わしいと指摘しています（「社会保障・税番号大綱」に関する意見書）。

(四)　自己の情報の入手や必要なお知らせ等の情報の提供に関するもの

年金・医療・介護・雇用の保険料や医療費や保育料、福祉サービス受給者への制度改正のお知らせや確定申告等で参考となる情報などを、自宅のパソコンなどから容易に閲覧可能になるとしています。

しかしこれらの情報提供は、すでに個々では行われています。共通番号制度によって、それが後述の「マイ・ポータル」という個人用ホームページのようなもので一括して提供されるということですが、逆に言えば個人に関するさまざまな情報が集中するこのマイ・ポータルは、個人情報の漏洩や商業的利用の危険性を高めるものでもあります。

その一方で、パソコンを利用できない高齢者等が情報過疎におかれる「デジタル・デバイド」の問題もあります。

(五)　事務・手続の簡素化、負担軽減に関するもの

①添付書類（所得情報等に関する証明書、住民票）の削減等、②医療機関における保険資格の確

認、③法定調書の提出に係る事業者負担の軽減などがあげられています。

①添付書類の削減・省略としてあげられているのは、住民票と所得情報等に関する証明書です。このうち住民票の添付の省略は共通番号とは関係がなく、現在でも住基ネットからの本人確認情報の提供事務として行われていることです。「大綱」でも「番号制度を契機に、住基ネットを活用することにより、以下の手続における住民票の添付を省略することも想定される」（一〇頁）という書き方です。

また所得情報等に関する証明書を省略するためには、「税法上の守秘義務が課せられている所得情報等の提供を可能とする立法措置が講じられていることを前提に」と述べているように、守秘義務の問題があります。

なお「大綱」で例示されている手続の多くは市町村の窓口で行われていますが、すでに多くの市町村では個人情報保護の手続きを経て住民税の所得情報をこれらの手続に利用して添付の省略をしており、共通番号を使うメリットはあまりありません。

②医療機関における保険資格の確認は、共通番号を使いオンラインで医療保険資格を確認できるようにすることで、資格情報の転記ミスや保険者の異動情報が確認できないことにより生じている医療費の過誤調整事務の軽減や未収金対策になるというものです。これは自民党政権時代の「社会保障番号・カード」の検討でもメリットの目玉として宣伝されましたが、関係団体ヒアリングでは医療側や保険者側から「それはたいした問題ではない」と否定されています。過誤などによる未収金は、改めて正しい保険者に請求することで若干遅れても解決しており、医療機関側が

困っている未収金は生活困窮により支払いができないとか、元々払う意思がない悪質滞納などで、それは社会保障カードでは解決しないと指摘されていました。

さらにこのようなオンラインによる照会では、データの更新にタイムラグ（時間のズレ）が不可避で、それが現状よりも大きく顕在化することを「社会保障カード（仮称）の基本的な計画に関する報告書」も認めていました。この「報告書」では、ICカードの機能を使用してオンラインで医療保険資格の確認を行う場合、医療保険資格の取得・喪失事由等が発生してから実際に保険者に対して届出がなされるまで、又は、保険者が届出を受理してから保険者のデータベースや中継するデータベースの情報が更新されるまでの間には、一定のタイムラグが発生するため、医療機関等がICカードの機能を使用して照会しても、常に正しい情報を取得することができるとは限らないという課題を指摘しています。医療保険資格の取得・喪失の届出のタイムラグは今もありますが、通常は資格喪失時に保険証を回収し、取得時に新たな保険証を交付しているため、大きくは顕在化していません。しかし保険証をICカードで代用すると、保険組合や国民健康保険などを異動しても同じカードを保有し続けるため、この課題が顕在化するという指摘です（「報告書」一七頁）。

これらの課題が、今回の共通番号制度でどのように検討されているかは不明です。

㈥　医療・介護等のサービスの質の向上等に資するもの

①継続的に健診情報・予防接種履歴が確認、②行政機関において乳幼児健診履歴等について継

続的に把握、③難病等の医学研究等において、継続的で正しいデータの蓄積、④地域がん登録等において患者の予後の追跡、⑤介護保険の被保険者が市町村を異動しても認定状況、介護情報の閲覧が可能、⑥医療機関と行政機関等との情報連携で、各種行政手続等において本人に求めている診断書の添付が不要、⑦保険証機能を個人番号カードに一元化などを、サービス向上としてあげています。

しかし「大綱」みずから「これらの利用場面については、取り扱われる情報の機微性等を踏まえて、法制度等について特段の措置を講じることが前提となる」と注記（一一頁）しているように、例示されている医療・健康情報などは極めてプライバシーにかかわる個人情報です。漏洩や目的外利用は深刻な人権侵害を引き起こします。

健診や疾病などの個人情報は、たとえば就職や保険加入などで不利な扱いをうける原因になります。救急の際にこれらの情報がわかった方がよい、という意見もありますが、逆にたとえば精神科の受診歴のある人が救急搬送で受け入れを断られるなど、病歴がわかることで治療の機会を奪われる危険もあります。精神科の受診歴があるだけで、犯罪予備軍視するような偏見もあります。がんや難病の病歴が知られることで、職場で不利益をうける危険もあります。障害に応じた学校への就学を求める日本の分離別学の教育体制では、乳幼児健診の情報が行政内で共有されると希望する地域の学校に行けなくなり、共に育つ機会を奪われるのではないかと不安に感じる「障害児」の親もいます。

疾病や障害に対する差別や偏見がある現実の中で、社会的に不利な立場におかれ差別や排除の対象とされている人たちにとって、共通番号制度で情報が共有されるということは、自らの情報がどこかで誰かに見られて不利な扱いを受けるのではないかという、深刻な恐怖に晒されて生きることになります。

これらの情報は、みずからがそれを提供したいと望んだときだけ共有するようにすべきです。そうでなければ、必要な治療を受けることを躊躇したり、福祉サービスの利用をあきらめるなど、「真に手を差し伸べるべき者」をいっそう辛い立場に追い込むことになります。

4　個人情報を相互利用する「情報連携」

1　情報連携の前提条件

「番号制度」は、複数の機関に存在する個人の情報を同一人の情報であるということを確認し個人情報を共有するための制度です。その意味で番号制度を支える三つの仕組みの中で、「情報連携」がもっとも重要です。一連の住基ネット訴訟でも、このデータマッチングによる人権侵害が問題となってきました。しかし「大綱」ではこの情報連携を具体的にどのように行うかは書かれていません。国民が肝心の情報連携の仕組みを検討できないまま、「番号法」を制定して導入を決めようとしています。

この情報連携の基本的な考え方としているのは次の三点です。

まず「各機関間の情報連携は情報連携基盤を通じて行わせることにより、情報連携基盤がデータのやり取りの承認やアクセス記録の保持を行い、国民が自己情報へのアクセス記録を確認できるようにするなど、個人情報保護に十分配慮した仕組みとする」(「基本方針」六頁)です。もし情報連携基盤を介さない情報連携が行われれば、その「承認」や「記録の保持」はされず、国民がアクセス記録を「確認」することもできません。

第二に、住基ネットを合憲とした最高裁判決(最判平成二〇年三月六日)で示された、

・個人情報を一元的に管理することができる機関又は主体が存在しない。

・何人も個人に関する情報をみだりに第三者に開示又は公表されない自由を有する。

・情報が容易に漏えいする具体的な危険がない。

ことなどに適合した形とすることを条件としています(「大綱」一七頁)。

第三に、さらに共通番号制度では、取り扱う個人情報が住基ネットの本人確認情報よりも格段に秘匿性の高い社会保障・税に係る情報を中心としており、かつ、住基ネットが行わないこととしているデータマッチングを行うこととするものであることから、住基ネットより一層高度の安全性を確保することを求めています(「大綱」一八頁)。

この三点は情報連携システムの前提条件であり、はたしてそれを満たしているのかの検証が求められることになります。

2 「大綱」で書かれている情報連携の仕組み

「大綱」では、「番号(マイナンバー)」を利用する個人情報を、次のように情報保有機関は情報

連携基盤を通じて提供するとされています(四二頁〜)。

自己の保有する情報の提供を求められた情報保有機関は、番号法とその政省令で①利用できる事務の種類、②提供する情報の種類、③情報の提供元・提供先等を規定した上で、情報連携基盤を通じて個人情報を提供することができます。ただ例外として法令の規定がなくても、災害時など特別の理由がある場合は「第三者委員会」の許可を受けて提供できるとされています。

情報連携の際の個人情報保護策として、情報連携基盤及び情報保有機関では、連携に関連する職員を限定してデータへのアクセスを制限し事後に監査を受けること、情報連携基盤を通じた個人情報のやり取りのアクセス記録を一定期間保存することになっています。また情報保有機関は、提供する情報と提供先を行政機関等個人情報保護法に基づく個人情報ファイルにあらかじめ記載しておくことになっています。

ただ情報連携基盤を使わない例外も書かれています。

事業者からの法定調書の提出や制度上情報の共有が想定されている確定申告書等の国から地方団体への送付など、法令に基づき書面又は電子的手法を通じて情報収集がなされているものについては、情報連携に該当しないとされています(四二頁注三一)。その他にも、制度上情報の共有が想定されており現に書面または電子的手法で情報共有がされている場合などは、個別の事情をふまえた取扱いを検討することにしています(四三頁注三二)。また法定調書の提出や雇用保険の資格取得手続きなど専ら一方の行政目的を達成するために法令の規定に基づいて行う提供も、「情報を相互に活用する」情報連携には当たらないとされています(一四頁)。これらはアクセス記録の保持など情報連携に適用される個人情報保護策の対象外です。

さらに「大綱」では、医療・介護等の分野での情報連携の仕組みについては、別に検討することになっており明らかにされていません。これは医療関係で約一八万施設、介護サービス施設・事業所が約二六万と多く、しかも日常的に多くの情報がやり取りされるために、これをすべて同様に情報連携基盤を介して共有するとシステムに負荷がかかりすぎることや、極めてプライバシーにかかわる情報であり民間機関も多数含まれることから個人情報保護策を特別に講じる必要があるためとされています。

実際、当面の利用事務の中で、年金の届出や裁定請求、福祉給付の申請、雇用保険の手続きや税の確定申告等は年に何回もあることではありません。これに対して医療や介護では受診やサービス提供など日々情報がやり取りされ、もし情報連携基盤にトラブルがあれば直ちに生活に影響します。「大綱」では医療・介護等は「特段の技術設計」ないし法的にも特段の措置を検討するとしていますが、そもそもこのように性質の異なる情報を共通の情報連携基盤を利用して運用すべきか否かという検討はされていません。

もう一つ「大綱」で重要なのは、情報保有機関が保有する基本四情報（住所・氏名・性別・生年月日）と住基ネットが管理する基本四情報とを常に一致させる（同期化）ということです。そのために情報保有機関には新たに住基ネットから最新の基本四情報が提供されることになります。これは後述する情報連携の仕組みの検討を受けて必要とされていることで、「大綱」だけではその意味することは明確ではありませんので次節で説明します。

3　情報連携基盤WGで検討されている仕組み

情報連携の具体的な仕組みは、社会保障・税に関わる番号制度に関する実務検討会のもとに設置された「情報連携基盤技術WG（ワーキンググループ）」で検討されてきました。これは国民が窓口等で利用する番号の整備（社会保障・税に関わる番号制度）と、IT戦略本部で検討されてきた各機関間の情報連携の仕組みの構築（国民ID制度）を一体的に進めるための共同の検討の場として設置され、情報技術等の専門家と企業の担当者で構成されています。

二〇一一年二月から検討をはじめ、「大綱」に向けて検討を進めてきましたが、「大綱」までに検討結果をまとめることができず、そのため「大綱」を読んだだけでは情報連携基盤の仕組みは不明で、その後も明確にはなっていません。

以下、この情報連携基盤技術WGの経過を見ながら、どのような仕組みが検討されているか見ていきます。

二〇一一年三月四日の第二回WGで、「社会保障・税に関わる番号制度及び国民ID制度における情報連携基盤技術の骨格案」（以後「骨格案」と略）と「番号制度　番号連携イメージ」（以下「イメージ図」と略）が示されました。この「イメージ図」は修正しながらその後も説明資料として用いられ、検討のベースになっています。

この「骨格案」と「イメージ図」では情報連携にあたり、住基ネットの最高裁判決で示された「個人情報を一元的に管理することができる機関又は主体が存在しないこと」という要件に適合

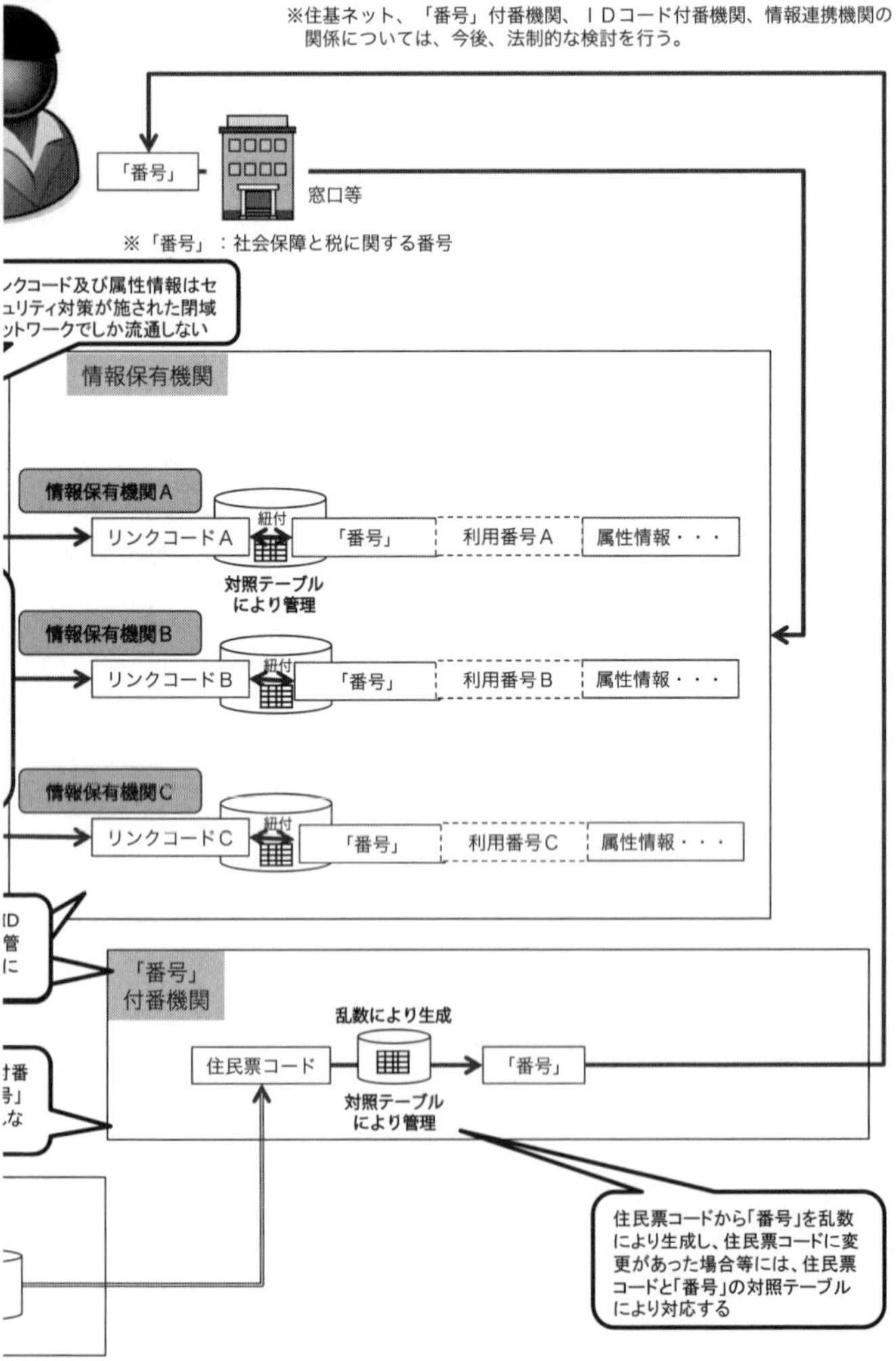

※住基ネット、「番号」付番機関、ＩＤコード付番機関、情報連携機関の関係については、今後、法制的な検討を行う。
「番号」
窓口等
※「番号」：社会保障と税に関する番号
ンクコード及び属性情報はセ
ュリティ対策が施された閉域
ットワークでしか流通しない
情報保有機関
情報保有機関A
リンクコードA
紐付
「番号」
利用番号A
属性情報・・・
対照テーブル
により管理
情報保有機関B
リンクコードB
紐付
「番号」
利用番号B
属性情報・・・
情報保有機関C
リンクコードC
紐付
「番号」
利用番号C
属性情報・・・
ID
管
に
「番号」
付番機関
乱数により生成
住民票コード
「番号」
対照テーブル
により管理
寸番
号」
しな
住民票コードから「番号」を乱数により生成し、住民票コードに変更があった場合等には、住民票コードと「番号」の対照テーブルにより対応する

番号制度番号連携イメージ
（情報連携基盤技術WG2011年3月4日第2回資料）

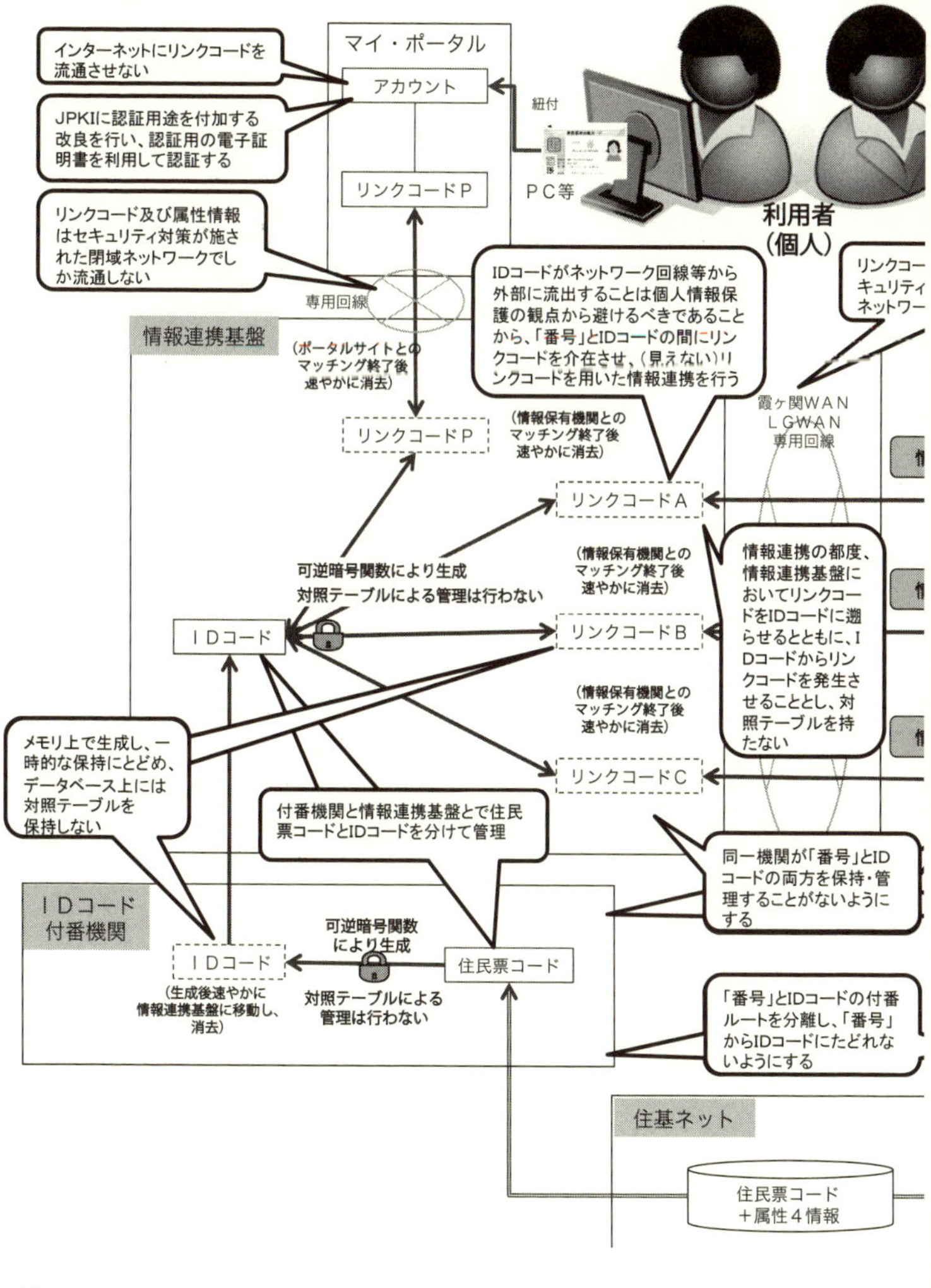
インターネットにリンクコードを流通させない
JPKIに認証用途を付加する改良を行い、認証用の電子証明書を利用して認証する
リンクコード及び属性情報はセキュリティ対策が施された閉域ネットワークでしか流通しない
マイ・ポータル
アカウント
リンクコードP
紐付
PC等
利用者（個人）
専用回線
情報連携基盤
（ポータルサイトとのマッチング終了後速やかに消去）
IDコードがネットワーク回線等から外部に流出することは個人情報保護の観点から避けるべきであることから、「番号」とIDコードの間にリンクコードを介在させ、（見えない）リンクコードを用いた情報連携を行う
リンクコー
キュリティ
ネットワー
霞ヶ関WAN
LGWAN
専用回線
リンクコードP
（情報保有機関とのマッチング終了後速やかに消去）
リンクコードA
（情報保有機関とのマッチング終了後速やかに消去）
可逆暗号関数により生成
対照テーブルによる管理は行わない
IDコード
リンクコードB
（情報保有機関とのマッチング終了後速やかに消去）
情報連携の都度、情報連携基盤においてリンクコードをIDコードに遡らせるとともに、IDコードからリンクコードを発生させることとし、対照テーブルを持たない
メモリ上で生成し、一時的な保持にとどめ、データベース上には対照テーブルを保持しない
リンクコードC
付番機関と情報連携基盤とで住民票コードとIDコードを分けて管理
同一機関が「番号」とIDコードの両方を保持・管理することがないようにする
IDコード付番機関
可逆暗号関数により生成
IDコード
住民票コード
（生成後速やかに情報連携基盤に移動し、消去）
対照テーブルによる管理は行わない
「番号」とIDコードの付番ルートを分離し、「番号」からIDコードにたどれないようにする
住基ネット
住民票コード＋属性４情報

したシステムにするために、

・「番号（マイナンバー）」を直接連携に用いない。認知できる者を極力最小限とする「見えない番号」であるＩＤコードで連携すること。

・漏えいした場合も他の情報保有機関に波及しないように情報保有機関毎に異なる「リンクコード」を付与して、各情報保有機関はそれぞれのリンクコードで情報連携基盤にアクセスすること。

を原則としています（「骨格案」二頁）。

具体的には、次のようなシステムをイメージしていました。

㈠　付番と番号管理

「番号（マイナンバー）」と国民ＩＤ・リンクコードは、いずれも住民票コードから生成しますが、その生成ルートと方法を別々にして「番号」から論理的に国民ＩＤにたどれないようにするとしています。

「番号」は、「番号付番機関」で住民票コードから乱数により生成し、生成した後の「番号」と「住民票コード」は「番号付番機関」で対照表（コード変換テーブル）によって管理して、「番号」と住民票コードのどちらかがわかれば他方の番号もわかり個人を特定を可能にしています。

これに対し国民ＩＤ（「符号」）は、「ＩＤコード付番機関」で住民票コードから可逆暗号関数で生成して、生成後直ちに情報連携基盤に移動して「ＩＤコード付番機関」では消去し、住民票コードだけ管理するとしています。

このようにした理由は、「コード変換テーブル方式」では同一機関で住民票コードと国民IDのリストを一元管理することになり、万一漏えいした場合の影響範囲が広くなるため、と説明しています。

可逆暗号方式とは、一方通行の変換となる乱数方式とは違い、「可逆暗号」によって変換前後の値に遡ることができる方法で、連携の都度、住民票コードと国民IDを相互に導き出すことを可能にし、対照表を管理する必要がないものです。

ただ「番号」と住民票コードの対照表を管理する機関が、住民票コードから国民IDを生成する暗号を知れば、「番号」―住民票コード―国民IDを一体的に連携させることが可能になり、住民票コードで一元管理しているのと同じことになります。そこでこの「番号付番機関」と「IDコード付番機関」は分離して別ルートにし、「番号」からIDコードをたどれないようにするとともに、同一機関が「番号」とIDコードの両方を保持・管理することがないようにするとしています。

国民IDを受け取った情報連携基盤では、さらに可逆暗号関数によって、各情報保有機関ごとに異なる「リンクコード」を生成し、情報保有機関に通知し、情報保有機関とのマッチング終了後に情報連携基盤では「リンクコード」を消去します。

情報保有機関では、通知された「リンクコード」をそれぞれの機関が管理する個人番号（たとえば基礎年金番号、健康保険の被保険者番号、社員番号、カルテ番号など）と照合し一致させて（紐付けして）、それぞれのデータベースで対照できるように記録します。

ただ医療機関や薬局については、分野内で共通のリンクコードを付与することも検討しています。

なお「番号」や「国民ＩＤ」の変更については、「番号」は個人からの変更請求を認める一方、「国民ＩＤ」「リンクコード」は個人には通知しないので変更請求は想定しないが、セキュリティの観点から変更可能性について検討するとしています。

(二)　基本四情報を利用した番号の連携

まず「番号付番機関」で生成された「番号」が、市町村を経て私たちに通知されます。私たちは「番号」を利用する情報保有機関の窓口で「番号」を提示して本人確認を行います。「番号」を提示された情報保有機関が他の情報保有機関に照会する際には、「番号」からそれぞれの情報保有機関が管理する私の利用番号を照合し、それに相当するリンクコードで情報連携基盤に照会します。情報連携基盤ではリンクコードに相当する国民ＩＤコードを確認し、そこから照会先の情報保有機関用の私のリンクコードをその都度導き出し、照会先の情報保有機関にそのリンクコードで照会します。

照会された情報保有機関は、その情報保有機関が管理する個人情報から、そのリンクコードが該当する個人を選びだし、求められている情報を照会元の情報保有機関に（直接、または情報連携基盤を介して）提供するという流れです。

しかしこの流れを実現するためには、「番号（マイナンバー）」と「符号（国民ＩＤ・リンクコード）」と「各情報保有機関の管理する利用番号」の間で、同一人の番号であるということが確実に「紐付け」されている必要があります。

しかし㈠で述べたようにこれらは別々に生成された番号で、その間に相互に変換できるような論理的な関連性はなく、そのままでは情報保有機関の窓口で「番号」を提示されても、その人のリンクコードはわからず、情報保有機関間で同一人のリンクコードをつなげることもできず、個人情報を照会することができません。

そこで情報連携の前提として、各情報保有機関で管理する固有の利用番号と「番号」「リンクコード」とを「紐付け」して、間違いなく同じ私の番号として一致させておく必要があります。そのために考えられているのが、基本四情報（住所・氏名・生年月日・性別）で同一人であることを確認して紐付けするという方法です。

しかし基本四情報は住所変更や婚姻などで異動します。そのために情報保有機関は常に住基ネットから提供される最新の基本四情報と情報保有機関の管理する基本四情報を突合して、最新の四情報に一致させておく必要があるとされています。

この情報保有機関での利用番号と「番号」と「符号」とを紐付ける方法について、情報連携基盤技術ＷＧは次のように考えています。

「符号は、情報連携を行う情報保有機関が保有する利用者に係る基本四情報を住基ネットの基本四情報と突合した上で、情報連携基盤が情報保有機関に割り当てることとする。これにより、情報連携を行う情報保有機関は、割り当てられた符号を自らが保有する個人情報のデータベースと紐付けることとする」（「情報連携基盤WG中間とりまとめ」八頁）。この突合・紐付け作業は、情報保有機関の責任で対処することになっています。

しかしこの住基ネットから提供される基本四情報で突合するということには、問題があります。

一つは、はたして基本四情報による紐付けは正確にできるかという問題です。共通番号制度による情報連携は、住基ネットの基本四情報と情報保有機関の管理する基本四情報とを、常に正確に一致させることによって保証されています。その意味では、じつは基本四情報こそが真の連携コードとなっているとみることもできます。しかし基本四情報のデータの記録には各機関で微妙な表記のズレがあり、完全な一致をさせることは困難です。そもそも基本四情報での同一人確認では不十分だから、という理由で「共通番号」は必要とされていました。それが基本四情報での突合による同一人確認に依存するというのは、今回の共通番号制度のもつ根本的な矛盾です。

もう一つは、住基ネットから基本四情報が提供されることの問題です。現在、住基ネットから本人確認情報の提供を受けられる事務は、個人情報の漏えい・不正利用を防止するために住基法別表により約三〇〇事務に限定され、提供先も行政機関や公的な機関に限られています。しかし共通番号制度によって、医療機関や介護事業所、金融機関、さらに源泉徴収事務などで広範な企業に基本四情報は提供され、漏えい・不正利用の危険性は一挙に高まります。さらに住民登録がない＝住基ネットで管理されていない人が、共通番号制度を利用するあらゆる社会保障サービスから排除されてしまう危険性があります。

これらの問題は、第六章であらためて問題点として述べます。

4 「情報連携基盤WG中間とりまとめ」での再検討

個人情報保護と情報連携基盤技術の両WGは、当初「大綱」に向けて検討をまとめる予定でした。しかし情報連携基盤技術WGは六月三〇日の「大綱」決定までにまとめを出せず、六月七日と六月三〇日開催の会合に事務局より検討のたたき台として「情報連携基盤の構築に当たっての論点整理」を示し、二〇一一年七月二八日に「中間とりまとめ」を公表しました。

まとめることができなかったのは、情報連携の仕方について様々な問題が指摘されたからです。WG構成員の一人である山口英奈良先端科学技術大学大学院教授からは、長文の「質問書」が提出されています（第四回二〇一一年四月一二日資料七）。

しかしこの「中間とりまとめ」は、「一般に言われている概念設計、基本設計、詳細設計という分類においては、概念設計のフェーズであり、その中の骨格を検討している段階とも考えられる。今後、より具体的なシステム設計を行っていくためには、現状の検討結果だけでは十分であるとは言えず、更に踏み込んだ検討が必要な事項や、新たに検討しなければならない事項等が存在する」（四頁）というもので、いくつかの案を示しているだけで、どのような情報連携基盤がつくられるのかは不明です。今後の関係省庁等の予算要求のために論点を整理したものにとどまりました。

「論点整理」や「中間とりまとめ」では、「骨格案」は複数の選択肢の提示がないので判断が難しいとの意見を受けて、情報連携の方法として次の選択肢を提案しています。

㈠「符号」の生成方法について

案一　可逆暗号方式により生成する方法

番号連携の都度、対象となる符号を暗号化するものであり、暗号鍵により必要が生じた都度変換生成するため、変換後の値を紐付けて管理する必要が無く、変換前後の値に遡ることができる方法。

案二と比較して、変換前後の値を紐付けて管理することが不要であり、変換処理が終了次第、保持する必要の無い情報を消去する運用が可能であるため、情報漏洩時の影響範囲は局所的なものにとどまる利点があるが、同様の仕組みを採用したシステムは前例がなく、また技術の進歩で現在使用している暗号の安全性が確保できなくなった際には（暗号危殆化）、符号を用いる全ての情報保有機関において符号の更新作業が必要となるというデメリットがあるとしています。

案二　コード変換テーブル方式により生成する方法

乱数を用いて論理的に遡れない形でコードを変換し、変換前後のテーブルを保持する方法。既に一般的となっている技術により構築することが可能であるが、変換前後のコードを紐付けしコード変換テーブルとしての完全性を維持管理する必要があり、コード変換テーブルの情報が漏洩した場合は、全ての番号及び符号を別の値に変更する必要が生じるデメリットがあるとしています。

(二)「符号」を何から生成するかについて

案一　住民票コードを変換して生成する方法

「番号制度　番号連携イメージ」が前提としていた方法です。

案二　「番号」を変換して生成する方法

符号が「番号」の代わりに情報連携で用いるものであることを考慮し、「番号」を変換して符号を生成する方法。住民票コードから生成する場合と比べ、リンクコードから「番号」が見破られるリスクが高まるのではないかといった懸念を指摘しています。

(三)情報連携のための識別子として何を用いるか

五つの案を示しています。「中間とりまとめ」では内容がわかりにくいため、「論点整理」(平成二三年六月七日第五回WG資料三―一)を元に案のポイントを紹介します。

案一　「番号」を用いた情報連携

国民に交付される「番号(マイナンバー)」を、そのまま情報連携基盤と情報保有機関との間の情報連携に使用するという案です。情報連携基盤で符号の変換処理を要しない点で、他の案よりもシステム処理上の負荷は低いメリットがあるものの、「番号」をキーとした機関横断的な情報連携が行われることで、国が「個人情報を一元的に管理することができる主体」となり得る可能性についての懸念が示されるとともに、情報保有機関間において「番号」を用いて不正なマッチングが可能となる危険性があるため、他の案と比較してプライバシー影響度は非常に大きいと評価しています。

そもそも六月三〇日に決定された「大綱」で「番号」を情報連携の手段として直接用いないと明記されているにも関わらず、事務局がそれに反する「番号」を直接使って連携する案を提示する意図は理解に苦しみます。

案二　符号を二種類、住民票コードから可逆暗号方式で生成し、そのうちの一種類の符号（リンクコード）を情報保有機関が保有する情報連携

「骨格案」や「番号制度　番号連携イメージ」で想定していた方法です。情報保有機関間で不正な個人情報のマッチングができないメリットとともに、「番号」を利用しない機関に係る情報連携についても対応できるので、案一と比べて将来的な情報連携を行う分野の拡大に対応しやすいという利点をあげています。

その一方で、すべての情報連携において、情報連携基盤で可逆暗号方式による符号変換処理が必要となるためシステム負荷が大きく、また同様の仕組みを採用したシステムは前例がないため実施にあたって留意する必要を指摘しています。

案三　符号を二種類、住民票コードからコード変換テーブル方式により生成し、そのうちの一種類の符号（リンクコード）を情報保有機関が保有する情報連携

案二と同様ですが、変換方法を「コード変換テーブル方式」とし、情報連携基盤でコードの対照表を管理する点が異なります。

案四　符号を二種類、コード変換テーブル方式により生成し、情報保有機関が保有する情報と「番号」との紐付けがされるか否かに応じて、二種類の符号のうちの一つを情報保有機関が保有する情報連携

わかりにくい案ですが、情報保有機関の間の情報連携は機関毎に異なるリンクコードを使用することを原則としつつ、「番号」との紐付けが行われている情報保有機関間や一定の分野内における情報連携については、共通の符号（国民ＩＤ）を用いて情報連携を行い、それ以外の機関間における情報連携は、機関毎に生成・提供されるリンクコードを用いて情報連携を行うとする点が案二及び案三と違うと説明されています（「論点整理」一〇頁）。

一部の情報連携についてはリンクコードの変換をせずに情報連携が行われるため、システムの負荷は案二よりも低くなる利点がありますが、共通の国民ＩＤで情報連携するため国民ＩＤを保持する情報保有機関間において個人情報の不正なマッチングを防ぐことができなくなる点に問題があると説明されています。

案五　情報連携のためのシステム内部の符号（一種類）を生成し、当該符号（リンクコード）を情報保有機関が保有する情報連携

案四と似ていますが、「番号」と紐付けを行っている情報保有機関の間又は特定の分野内での情報連携について、国民ＩＤではなく共通のリンクコードを用いて情報連携を行うものです。国民ＩＤは生成せずリンクコードで情報連携を行うこと、そのリンクコードを住民票コードではなく「番号」を更に変換して生成する点で案二〜案四とは異なると説明されています。

以上の案は違いもわかりにくく、ＷＧの中でも案の解釈を巡る論議が続きました。

㈣　個人情報データの送受信方法

照会元の情報保有機関と照会先の情報保有機関の間で、照会された個人情報等のデータを送受信する方式として二案を提示しています。

案一　情報連携基盤を介して送受信を行う方式（ゲートウェイ方式）

情報連携に係る全てのデータ送受信を情報連携基盤を経由して行う方式です。情報保有機関側のデータ送受信機能の負担が軽く、比較的容易に構築することができる一方、問題点として「情報連携基盤が障害等で機能不全に陥った際は情報連携基盤に接続される全ての情報連携に影響を及ぼすことになる」。「情報連携に係るデータの送受信が情報連携基盤に集中することから、送

受信を制御するサーバにボトルネックが発生し、情報連携が円滑に行われない可能性が懸念される」と指摘しています。

また情報連携した証跡が情報連携基盤に集約されるために監査をしやすいメリットがある反面、個人情報が一時的に情報連携基盤に留まるため、個人情報が集約しうるとの指摘があることを紹介しています。

案二　各情報保有機関同士で直接送受信する方式（アクセストークン方式）

情報連携に係るデータ送受信を情報連携基盤を介することなく、情報保有機関間で直接行う方式です。情報保有機関側はデータ送受信機能の構築費が高額になり運用が複雑になる反面、情報連携基盤の負担は小さくなります。また情報連携基盤が障害等で機能不全に陥った際もデータ送受信機能は情報保有機関側にあることから、臨時的・限定的な代替措置が容易であるメリットがあるかわりに、情報連携に係る行政機関に対する監視が不十分になる問題も指摘しています。

5　事業者に検討を委ねられたシステム設計

情報連携基盤技術ＷＧは二〇一一年七月二八日に第七回会合を開催して以降中断しています。かわりに内閣官房社会保障改革担当室は九月二日に「情報連携基盤等の調達に係る情報提供依頼」をメーカーに対して行い、情報連携基盤等に必要となる機能、方法、コスト評価等について、事業者等から意見を募集し、一〇月二八日の提出期限までに一九の事業者から資料提出を受けたと報告されています。

事業者からの質問に対して「情報連携基盤等の構築に必要となる全ての機能や仕組みについて決定しているものではありません。このため、本役務の受託者には、必要な機能の充足性や実現方法等について検討を行い、情報連携基盤等の調達仕様書案等を作成していただく」と回答しているように、業者に検討をゆだねてしまっています。情報連携の仕組みがどうなるか不明なままで、番号制度の導入が決められようとしています。

最近政府が説明している「番号制度における情報連携のイメージ」では、当初の図とは異なり、住民票コードから「符号」を生成する機関がなくなり、「情報提供ネットワークシステム」での連携の方法として「IDコード」「リンクコード」の区別が消えて「符号」という図になっており、情報連携の仕組みはますますわからなくなっています（二〇一二年二月二六日リレーシンポ神奈川会場「政府説明資料」）。

今後のスケジュールでは、二〇一二（平成二四）年七月から情報連携基盤等の基本設計を開始することになっています。

5 本人確認――番号カードが必要な生活

1 「本人である証明」を提示しなければ生活できなくなる

共通番号制度で「本人確認」は、「番号」の付番と情報連携と並んで、重要な三本の柱となっています。

「大綱」ではこの本人確認にあたって、「番号」の提示のみをもって本人確認の手段とはせず、かならず本人であることを証明するものの提示を求める必要を強調しています。

「番号」の有する悉皆性、唯一無二性という性格は、特定の個人を識別する（あるいはその時点で個人を特定せずとも属性情報の蓄積により将来的に特定の個人を識別する）のに有効なツールであり、社会において容易に活用が広まりやすいといった特性を有しているため、本人の申告による「番号」のみで本人確認が行われていたアメリカや韓国等でも成りすまし等の不正な利用が社会問題化している。

このような諸外国の状況を踏まえると、「番号」を取り扱う機関において、本人であることの証明手段がないまま、「番号」のみで本人確認が行われれば、成りすましの温床となり、制度そのものの根幹を揺るがしかねないことから、本人確認を行う際は、「番号」のみをもって本人確認の手段としない取扱いとする必要がある（一五頁）

そのため、法整備にあたっては、「番号」のみで本人確認を行うことを禁止するなど、厳しい規定を予定しています。

番号制度が実施されると、私たちは「正当な利用理由」で「番号」を教えるように求められると「番号」を告知する義務を負い、告知を拒むことは許されません。また間違った「番号」を告知することも禁じられます。そしてこの本人確認にあたり「本人であることの証明手段」を提示する義務に違反したり、「番号」の告知を拒んだり虚偽の告知をすると処罰することも検討されています（三六頁）。

この「正当な利用目的」が何か、かならず「本人であることの証明手段」を提示しなければいけない場面が何かは、「大綱」では明確にされていません。「番号」の利用を予定している年金、医療、介護保険、福祉、労働保険、税務などの手続きだけでも、「本人であることの証明手段」を提示して「番号」の告知ができなければ、給付が受けられなくなるおそれがあり大きな問題ですが、今後行政手続全般への利用拡大や納税者番号など民間への利用拡大がされれば、生活すべてで「番号」の告知が必要になります。これら以外に、たとえば警察が犯罪捜査等で利用したりするなどの可能性もあります。

共通番号制度が社会基盤となる社会とは、日常生活全般でいつでも「番号」の告知が求められ、そのため「本人であることの証明手段」を常に提示できるよう所持しておかなければ社会生活が営めない社会です。まさにそれが「大綱」が実現すべき社会として述べていることです。

「(六)　実現すべき社会

……番号制度は、国民が国や地方公共団体等のサービスを利用するための必要不可欠な手段となるという、いわば国民と国・地方公共団体等との間の新しい信頼関係を築く絆となるものであり、その前提として国や地方公共団体等が国民一人ひとりの情報をより的確に把握するための

仕組みである」（六頁）

2　住基カードを改良した番号カード

この「本人であることの証明手段」として「大綱」が予定しているのが、住基カードを改良したICカードです。二〇一二年二月一四日に閣議決定され国会提出された番号法案では「個人番号カード」と名付けています。

個人番号カードには、券面に記載される事項が何か、内蔵されるICチップ（半導体集積回路）にデータとして記録される事項は何か、カードはどのように配布されるのか、カードの費用は誰が負担するのか、既存の住基カードや各保険証やさらに今後在日外国人に配布が予定されている在留カードなどとの関係はどうなるのか、など重要な問題がありますが、いずれも「大綱」では不明・未確定です。

この個人番号カードは、現在住基ネットで交付されている住民基本台帳（住基）カードを改良したカードとされています。

現在、住基カードの券面への記載事項は、基本四情報（氏名、住所、生年月日、性別）と顔写真が記載されている「写真付き」タイプと、氏名のみ記載された「写真無し」タイプの二種類があります。それぞれに点字のエンボス加工を追加するタイプがあります。いずれもそのほかに交付した市区町村名や有効期限、市区町村によって窓口の連絡先などが記載されています。裏面には交付地市区町村内での転居による住所変更や結婚、養子縁組による名字変更など券面情報に変更があった場合に変更内容が記載され、公印等が押されます。住基カードの偽造事件が相次いだために、二〇〇五年二月二〇日から改ざん防止用の幾何学模様が入るようになりましたが、それでも偽造事件が続き、二〇〇九年四月二〇日からは共通ロゴマークとQRコードも印刷されています。

住基カードをICカードにすることは、住基法ではなく総務省令で規定されています。内蔵されているICチップには四種類のデータが記録されています。必ず記録されているのは住民票コードと暗証番号です。また偽造対策として二〇〇九年四月二〇日以降は、券面の記載事項（四情報、顔写真、有効期限）も記録されています。それにともない金融機関等で専用の読み取りソフトを使って券面記載事項のデータを確認できるようになりました。さらに電子申請のための公的個人認証サービスの利用を希望した場合には、電子証明書とその暗証番号も記録されます。その他市町村が条例で独自利用をしている場合には、その利用者番号、暗証番号の他、その独自利用のプログラムやデータが記録されます。

住基カードは市町村窓口で住民登録のある希望者のみに有料（無料化の措置もあり）で交付されます。記録事項に変更があれば交付した市町村長に届出の義務があります。有効期間は一〇年ですが、市町村から転出した場合は返却義務があります。返却先は、住基法（第三十条四四）では交付した市町村とされていますが、施行令で付記転出届をした場合は転出先に返納する扱いになっています。なお住基カードの利用拡大を目指して二〇〇九年七月の住基法改正で転出をしても引き続き使用できるようにされ、二〇一二年七月までに継続利用がスタートする予定です。

住基カードは住基ネットによるサービスの目玉とされてきましたが、利用は低迷しています。そのため電子政府を推進する人たちからも、住基カードが電子政府推進の足を引っ張っているとみなされるようになってきました。今回の個人番号カードは、行き詰まってしまった住基カードを新たな装いで一挙に普及させようという思惑がうかがえます。

3　どのような個人番号カードか

「大綱」で述べられている個人番号カードの用途は、二つあります。

・自己の「番号」に係る個人情報についてのアクセス記録の確認等を行うことができるマイ・ポータルにログインするため。

・法令に基づき「番号」を取り扱い得る事業者等が本人確認をした上で「番号」を確認できるようにするため。

そのため個人番号カードの券面には住民票に記載された基本四情報（氏名、住所、生年月日、性別）と「番号」及び顔写真その他政令で定める事項を記載し、ＩＣチップに「番号」と公的個人認証サービスの電子証明書を標準搭載し、その他政令で定める事項も記録し、現行の住基カードの機能も有するカードとして、対面での本人確認やオンラインでの認証に活用する予定です（一四頁、四五頁）。

ただ「番号」については、券面に記載を希望しない場合も考えられるため、その場合の対策について引き続き検討することになっています（四五頁）。対面で相手に「番号」を告知するためのカードであるにもかかわらず、「番号」の記載を希望しない場合を検討せざるをえないところに、この共通番号制度の矛盾が潜んでいます。

「番号」を使ってデータ・マッチングを行えば、最高裁判決が住基ネットを合憲とする条件であった「個人情報を一元的に管理することができる機関または主体が存在しない」に違反するということで、「番号」を情報連携の手段として使わない複雑な情報連携の仕組みが検討されています。しかし「番号」は見える番号として利用されるために様々な場面で知られることになり、その「番号」をキーとして個人情報を集めていけば、結局は個人情報を一元的に管理する主体ができてしまいます。そこまでいかなくても、「大綱」が共通番号制度に対する国民の懸念として述べていた「集積・集約された個人情報によって、本人が意図しない形の個人像が構築されたり、特定の個人が選別されて差別的に取り扱われたりするのではないかといった懸念」は、確実に現実化します。その危険を避けるために、住基ネットでは住基コードの告知・利用を制限するとともに、住基カードの券面に住民票コードを記載しないようにしてきました。

この共通番号制度でも、「番号」の告知要求は制限しています。「番号」を保存したりデータベースに記録することを罰則で制限することで防止しようともしています。しかし個人番号カードが、たとえばレンタルビデオ店等で本人確認書類としてコピーされることは禁止していません。「番号」の告知要求の制限では、何人も不当な目的で「番号」の告知を求めてはならない（三六頁）としていますが、なぜ告知要求を一切禁止せずに「不当な目的」に限定したのかについて、次の注記をしています。

法令に基づき「番号」を取り扱い得る事業以外に、他人の「番号」を知り得る業務としては、現在行われている多様な本人確認手段の一つとして、改良される住民基本台帳カードを活用することとなる本ICカードを用いた本人確認が想定されるところである。この場合、本人確認を実施する事業者において、利用し得る本人確認書類の一つとしてICカードを挙示すること等が、実質的に「番号」の告知要求に当たり得ることから、法令に基づき「番号」を取り扱い得る事業以外に、一切の告知要求を禁止することは妥当でないと考えられる（三六頁注）

「番号」の利用が広がり有用性が増すほど、悪用の可能性も増します。そこでコピーされても「番号」を残さないために、「番号」をカードの裏に記載するという珍妙な対策まで検討されています（三七頁注）。しかしこのような小手先の対策で「番号」が勝手に収集されることを防ぐことはできません。個人番号カードを本人確認書類として提示を求めてコピーした業者が「告知要求違反」に問われるのか否かは曖昧です。

行政内部での情報共有化のためには「国民ＩＤ」があればよく、「番号」は必要ありません。一方、納税者番号として利用するためには、「見える番号」として民間で使用することが必要です。この両者を合体したことにより、共通番号制度は「番号」により勝手にデータマッチングされるという解決の難しい矛盾を抱え込んでいます。

4　公的個人認証サービスの利用拡大

電子申請に使う公的個人認証サービスの「電子証明書」は、現在は住基カードのみに記録が認められています。

この申請のみに使われている公的個人認証サービスに、本人確認をしてマイ・ポータルにログインするため、オンラインでの認証用途を付加することになっています。

それとともに公的個人認証サービスの改良として、

・電子証明書の有効期間を現行の三年から五年に延長する。

・現在は行政機関に限られている利用を、民間事業者の窓口等で電子的に本人確認を行うために、政令で定める基準に適合する民間事業者にも拡大する。

としています。

このように利用が拡大していく際に問題になるのは、公的個人認証サービスで発行する電子証明書の「シリアル番号」です。

これは証明書毎に一意に特定できる番号で、電子証明書は一人に一枚しか発行されないため、この「シリアル番号」を個人を特定する番号として、データマッチングのキーコードとして使うことも可能です。それを避けるために、利用拡大にあたりシリアル番号の告知要求制限など保護措置を検討するとしています。

データマッチングの危険性は、いろいろなところに潜んでいます。

5　事実上、常時必携の「国民登録証」に

この個人番号カードは、住基カードと同様に、住民登録のある住民が市町村に申請した場合に交付するとされています。しかし番号制度が実施されると、私たちは「正当な利用理由」で「番号」を教えるように求められると「番号」を告知する義務を負い、その際には「本人であることの証明手段」の提示を求められることになります。

実際に「番号」を取り扱う個別の手続で、どのように本人確認や「番号」の真正性を確保するかは、手続ごとに要求される本人確認等の厳密さのレベルが異なることから、番号法には規定せず、個別法等で個別に規定するとしています（三五頁）。

またこの本人確認の手段としては、個人番号カード以外にも、「ICカードの普及を前提としつつ、将来的には多様な本人確認等の手段を利用できるように検討する」としています（四〇頁）。

政府のリレーシンポでは、担当者は「カードは顔写真付きで、原則全員ということを考えていますけれど、原則全員というのは強制なのか任意なんかというのはあり得て、ただこのカードに強制的に全員というのは不可能」「というのは、顔写真を撮らないといけませんので、写真を撮りにこない人というのは、基本的にカードを配れません。そういうことで、原則全員を考えてはおりますけれども、本当に全員ということには結果としてならないのではないか」と説明しています（二〇一一年一〇月一四日香川会場）。

しかし、本人確認と「番号」の真正性の両方を証明するためには、事実上、個人番号カードを

常に持ち歩いて提示に備えなければ、社会生活が送れなくなります。

さらに、保険証機能を個人番号カードに一元化し「ICカードの提示により、年金手帳、医療保険証、介護保険証等を提示したものとみなす」（一二頁）とされており、将来的に保険証等が個人番号カードに一本化されれば、常時持ち歩かざるをえなくなります。

個人番号カードは、常時必携で提示義務のある「国民登録証」になります。

6　成りすましや偽造は防げるか——住基カードの例

ICカードの交付については「交付対象者が当該対象者であることを確認し、かつ、交付対象者に確実に交付されるよう法令で規定し、成りすまし防止を徹底する必要がある」（「大綱」一五頁）ため「住民基本台帳カードの交付同様、ICカード交付時に厳格な本人確認を行い、不正取得の防止や偽変造の防止等のための適切な措置を講じることとする」（「大綱」四五頁）とされています。あたかも住基カードのように交付すれば問題ないかのようですが、しかし住基カードの歴史は不正取得や偽造とその対策のイタチゴッコで、結局、防止することはできていません。報道された事件で振り返ってみます。

1　交付開始とともにはじまった不正取得

二〇〇三年八月に交付が始まった住基カードで最初に成りすましによる不正取得が明らかにな

ったのは、二〇〇四年二月の佐賀県鳥栖市です。不正取得が行われたのは前年の九月で、役場で住基ネットのポスターを見て思いついた男性が、知人の男性の氏名・住所・生年月日と自分の顔写真で申請し、取得した住基カードでサラ金から約六〇万円を借りたという事件です。身分証明できる書類を持参しなかったため、窓口では国のマニュアルにしたがい郵便で住所地に照会書を送り、照会書を持ってきた男性に交付しました。照会書は知人の男性に役所から封書が届いたら渡してほしいと頼んで受け取っていました。たまたま住民課の忘れ物の中に住基カードがあり、カードに記載された男性に確認したところ不正取得がわかったものです。裁判の結果懲役二年、執行猶予四年の判決を受けています。

同年三月には福島県相馬市で成りすまし取得が発覚しました。前年一一月に交付されたもので、やはり知人の男性を装い申請し、送付した照会書を持参したため渡したもので、男は住基カードを使い金融機関から約二二〇万円を借りていました。

この時点では多くの市町村が送付した照会書の持参により本人確認をしていましたが、この二件の事件を受けて、総務省は本人確認を厳格化するため住基法の施行規則・事務処理要領を改正し、交付時には送付した照会書と健康保険証など市町村が適当と認める書類の提示を求めることにしました。

ところが同年九月には、今度は住基カードの偽造事件が佐賀県伊万里市で発覚。三月に取得した住基カードの顔写真はそのままに住所は実在の他の地名に、氏名・生年月日は架空のものに書き換え、五月にそれを使い預金口座を開設し携帯電話を購入したものです。懲役二年、執行猶予四年の判決でしたが、誰が偽造したかは明らかになりませんでした。

一〇月には東京都新宿区が偽造事件を警視庁に告発しました。一月に交付され二月に紛失を理由に再交付され、顔写真と住所はそのままに氏名と生年月日が書き換えられていました。三月に東大和市で携帯電話を購入しようとした際に、申請書にカードと違う氏名を記入したために偽造が発覚したものです。

これら偽造事件を受けて総務省は、二〇〇四年八月に住基カードの再交付の際の手続きの厳格化を通知し、九月に住基カードの券面偽造防止対策の強化を求める通知をしました。もっとも厳格化といっても、再交付申請の際に警察への紛失届や消防・市町村の罹災証明書を提出させるということです。

2　総務省が対策しても不正は拡大

しかし二〇〇四年一〇月には、今度は偽養子縁組による住基カードの不正取得事件が発覚し、福島県二本松市で四人が逮捕されました。偽の養子縁組届と転入届が提出されたものの、転入先のアパートの契約書の偽造がわかり逮捕されたものです。七月に福島県原町市でこの犯人が婚姻届と転入届を提出して住基カードを申請し、空き家に照会書を郵送させてそれを持参して住基カードを受け取る事件が起きていました。長期間留守だった女性が婚姻・離婚届の通知を知り発覚したものです。この事件では複数の住基カードが見つかり、住基カードを使って金融業者などから約六二〇万円をだまし取るなど、組織的な不正取得事件でした。

同じく一〇月には東京都豊島区で、風俗店で働くオーバーステイの中国籍の女性が、知人と共謀して知人の妻の住所等を記入し自分の顔写真で住基カードを取得する事件が発覚しました。取得したのは前年一〇月で、たまたま勤めていた店が風営法違反で摘発された際にカードが見つかりました。日本人に成りすまして警察の摘発を逃れるためにカードを取得したものです。

一二月には福岡市で知人の男性になりすまして住基カードを取得する事件が発覚。交付されたのは三月で、知人の健康保険証を提示して申請し、郵送された照会書を持参して交付を受けたもので、成りすまされた男性が五月に住民票を申請した際に発覚しました。

その後も、二〇〇五年三月に名古屋市で暴力団幹部が同居していた男性の健康保険証を使って住基カードを不正取得した事件、六月に埼玉県狭山市でヤミ金業者から他人名義の転出証明書を購入して転入届をし、その他人名義の住基カードをだまし取って消費者金融から借金した事件、七月には東京都北区で住基カードの偽造事件が携帯電話購入後に発覚、八月には北九州市で盗んだ健康保険証で他人名義の住基カードを取得して携帯電話を購入しようとして現行犯逮捕、一一月には神戸市で知人の男性に架空の就職斡旋をして預かった健康保険証で前年四月に住基カードを取得し銀行口座を開設した事件、年末には北九州市で他人に成りすまして住基カードを取得し銀行から融資を受けた事件などが続いています。

これらの手口は、総務省の通知では防ぐことはできず、北九州市では市民団体が住基カードの交付停止を市に申し入れています。総務省は二〇〇五年二月から、カードに幾何学模様の画像を加える偽造対策をとりましたが、偽造技術も精巧になっています。事件の発覚も神戸市の事件はたまたま住基カードの製品トラブルがあり市がカード交換の連絡をしてわかるなど偶然が多く、このほかにも組織的な偽造などが行われている可能性が指摘されました。

その後も総務省のマニュアルをすり抜けるように、毎月のように不正取得事件が発生しています。

二〇〇六年には三月に北海道釧路市で知り合いになりすまして取得して郵便貯金通帳の再発行手続きをした事件が六月に発覚。七月には一六歳の少女が拾った保険証の人に成りすまし転出届を取り寄せて転入した渋谷区役所で前年一二月にカードを取得していたことが発覚。芸能プロから一八歳以上であることの証明の提出を求められての犯行です。一〇月には暴力団関係者が路上生活者の保険証を使い足立区役所で他人名義のカードを取得し三名逮捕。照会文書対策で事前にアパートを借りるなど計画的犯行で、住基カードが暴力団の資金源として狙われていると報じられています。カードでクレジットカードをつくり高級外車を購入していました。たまたま窃盗グループの家宅捜索で不正な申請書が見つかり発覚したものです。

偽造そのものは運転免許証でも健康保険証でもパスポートでもあります。しかしこの犯人達は免許証などより入手しやすい住基カードに目をつけました。住基カードは市町村毎の発行のため仕様がさまざまで偽物を見分けにくいこと、有効期間が一〇年間で発覚しにくく長期に使えることなど、不正利用されやすい条件があります。「総務省は『不正取得を防ぐ対策はすべてやり尽くしており、何か妙案があればいいのだが』と困り顔」と報じられています（ｉｚａ　二〇〇六年一一月六日）。二〇〇六年一一月に兵庫県三田市で、一二月には京都市で、成りすまし取得が発覚。

一二月には中学三年生がアダルトビデオに出るため一八歳以上の姉に成りすまして取得する事件も報じられました。いずれも総務省のマニュアルではチェックできない成りすまし方法です。

3　携帯電話の不正取得に利用

その後も不正取得が続きましたが、二〇〇七年七月には携帯電話購入費用を後払いできるソフトバンクモバイルの販売方法を悪用した組織的な不正取得が兵庫県で発覚しました。インターネットの「闇の職業安定所」サイトで募集した応募者に住基カードを持ってこさせ顔写真以外を偽造して口座開設、携帯電話取得させる手口です。偽造した住基カードを使用した携帯電話の不正取得は、総務省調査で大阪、福岡、奈良、兵庫、長崎、香川、東京など全国で多発していることが明らかになりましたが、氷山の一角とみられています。警察からは住基カードは運転免許証に比べ保護シートが薄く偽造しやすいと指摘されています（読売新聞二〇〇八年一月六日）。不正取得された大量の携帯電話は、振り込め詐欺などに利用されました。そのためソフトバンクモバイルは二〇〇七年八月から住基カードによる本人確認を中止し、現在も本人確認書類として認めていません。最近もソフトバンクの孫社長はツイッターで、確認書類に住基カードをＯＫにしてくださいとの質問に、「不正による犯罪でかなりやられました」と返信しています。

総務省は携帯電話各社にＩＣチップの有無など正規の住基カードか判定するソフトを二〇〇八年二月から無償配布するなど対策をとりましたが、二〇〇八年も六月に横浜市鶴見区で知人に成りすまして取得した住基カードを利用して年金担保融資契約を結んで二五〇万円をだまし取る事件、六月に大阪市でナイフで暴れ現行犯逮捕された男性が偽造の住基カードを所持していたことが判明、八月には山口県で知人に成りすまし住基カードを取得してクレジットカードを使用、一〇月には愛媛県で他人の国民健康保険証による成りすまし取得事件など、不正取得はあとを絶ちません。

4　新しい住基カードの発行

ついに総務省は二〇〇九年四月から、新たな住基カードの発行をはじめました。券面に全国共通のロゴマークと年齢確認用のQRコードを記載するとともに、新たにICチップに券面記載事項（氏名・生年月日・性別・住所・写真・有効期限）の記録領域を設定し、金融機関等で専用ソフトを使用して記録データを確認できるようにしたものです。ICチップ情報を民間で読み取れるようにすることには個人情報保護の観点から慎重でしたが、あまりの不正取得の多発に対策をとらざるをえなくなったものです。なおこの住基カードの切り換えの際には、特定メーカーの交付機で一時、住基カード発行ができなくなるトラブルが、横浜市や北九州市など全国三〇自治体で発生しています。

しかしこれでも住基カードの不正取得事件は続いています。二〇〇九年六月には東京都中野区でネットの掲示板で募集した偽の養子縁組で偽の住基カードをつくり携帯電話と口座を振り込め詐欺グループに売った事件、七月には大阪市で地主の住基カードに自分の顔写真を貼り偽造防止のデザインも施した精巧な偽造住基カードで不動産業者から売却代金を詐取、八月には埼玉県上尾市で名前を偽造した住基カードで携帯電話を契約しようとして逮捕、一二月には女子高校生がホステスとして働くために姉の氏名・生年月日を申請書に記入して自分の顔写真とともに提出し、姉名義の住基カードを成りすまし取得する事件が報じられています。ＩＣチップの本人確認情報データの読み取りソフトを不動産業者や風俗営業などすべての民間で利用可能にしないかぎりこれらの不正利用は防げず、そうすると個人情報の漏洩悪用が起きかねないというジレンマです。

5　首都圏で不正取得の大量発生

二〇一〇年八月には、東京周辺で偽造運転免許証をつかった住基カードの成りすまし取得事件が頻発しました。ほぼ二三区全てと三鷹市、埼玉県志木市、千葉県八千代市・船橋市・市川市・千葉市・成田市・佐倉市・君津市・木更津市・柏市・流山市・鎌ヶ谷市などで数十件発生しています。はじめは同じ番号の免許証が偽造され、自治体間でその情報が伝わると番号を変えるなど組織的で、急遽、自治体では免許証のＩＣカード確認ソフトを導入しましたが、ＩＣカード化されていない免許証では効果がありません。

顔写真付きの証明書が提示されれば即日交付する自治体が狙われましたが、即日交付せずに照会書を送付して持参を求めている自治体に対しては、逆に申請者から二度手間をさせることへの苦情があり、即日交付化に向けた検討をしていた所もあるといい、セキュリティと利便性のジレンマです。

なぜ偽造免許証を直接つかわずに住基カードを取得してそれを本人確認に使うのかについて警

視庁犯罪抑制対策本部では、携帯電話会社や信販会社では運転免許証のチェックが厳しく、免許証を信用しがちな役所でまず偽造免許証で真正の住基カードを取得しそれを使うという二段階の手口を考えたのではないかとみています（東京新聞二〇一〇年八月一二日）。この犯行グループにより、コンビニのコピー機に忘れられた運転免許証を警察官に成りすまして四通詐取した事件も発覚。犯人は三カ月で五〇通だまし取ったと自供し、詐取した免許証が住基カードの不正取得に使われました。そのためのコンビニ店対策マニュアルまで整備されていたとのことです。総務省は一一月二六日にＩＣチップ入り免許証の真偽判定ソフトの使用など本人確認の徹底を求める通知をしています。

6　なくならない不正取得

これらの本人確認の厳格化のあとは不正取得は報告されていないと、総務省が説明していた時もありました（朝日新聞二〇一一年六月一七日マイタウン岐阜）。しかしその後も不正取得は続きました。

二〇一一年には養子縁組の偽装により住基カードを不正取得し、口座を開設し携帯電話を取得して転売する事件が佐賀県で発覚。二〇〇九年から二〇一〇年一二月にかけての犯行で、インターネットで養子縁組の子を募集して住基カードを取得し、約一四〇台の携帯電話を詐取して転売し、一〇名が逮捕されています。振り込め詐欺対策で携帯電話会社が一人あたりの契約台数を五回線までに制限しているために、養子縁組で名前を複数替えていました。前年一一月には千葉県や神奈川県でも偽装養子縁組をくりかえして住基カードを取得し携帯電話を購入する事件が起きています。その後二〇一〇年一二月に法務省は、養子縁組の申請の際の審査を厳しくして対応しています。

しかし六月には千葉で、一六歳未満の少女二人に住基カードを不正取得させてキャバクラで働かせたとして経営者などが逮捕されました。いずれも姉の健康保険証を悪用しての成りすましです。たまたま少女が覚醒剤使用容疑で逮捕されて発覚しました。この年には岐阜県でも、犯行は二〇〇七年ですが当時一五歳の少女がキャバクラで働くために別人の健康保険証を利用して住基カードを取得する事件が発覚しています。いずれも店側が年少者雇用で摘発されないために指示している疑いが指摘されています。

七月には岡山市で、病院の診察券を使った成りすまし取得事件が起きました。申請交付時に二種類の本人確認書類の提示があればよいことを悪用して、二つの病院で診察券を忘れたと告げてニセの診察券を二枚つくり使用したものです。診察券でも認めていたのは、免許証もパスポートもない人への配慮でしたが、不正を受けてその後一つは免許証などとするように変更しました。しかしこのようにするほど、免許証等を持っていない人はますます住基カードを取れなくなります。

九月にはホームレスの名義で住基カードやパスポートを作成して成りすまし、住宅ローン会社から融資金をだまし取る事件が福岡県で発覚。一〇月には養子縁組を繰り返して取得した複数の住基カードを使い、家電量販店で液晶テレビなどをインターネットプロバイダーに新規加入すると言って虚偽の契約を結び、割引価格で詐取して約二〇〇件転売した事件が埼玉県新座市で発覚。一一月には加古川市で、父親に成りすまして住基カードを不正取得（取得したのは二〇〇五年と二〇〇九年）した事件が発覚。年齢差がわからないように本人確認には顔写真のない健康保険証や年金手帳を提示しています。市はマニュアルにしたがい照会文書を住所に送付しましたが、父親と同住所のためにチェックをすり抜けています。県は申請時の口頭質問で確認を補足するよう工夫するとしていますが、市はすでに口頭質問は行っており申請を拒むことは困難でした。さらに一二月には茨城県土浦市・牛久市・取手市などで、偽造住基カードを使って郵貯口座の開設や携帯電話購入など三七件の犯行が発覚しています。

この年には、東日本大震災で被災した石巻市で医師を名乗っていた男性が、大阪市の住基カードを偽造した「医師国家資格認定証」を所持していた事件も話題になりました。

このように住基カードの一〇年は、不正取得・不正利用とその対策のイタチゴッコでした。発覚のきっかけは偶然が多く、発覚していない不正も相当数あると思われます。市町村の窓口も総務省の指示にしたがって本人確認を厳格化して対応していますが、それでは対応できない新手の不正が発生してきました。その一方で、口座開設などさまざまな場面で本人確認が強化されるようになり、運転免許証などを所持しない人が「本人確認難民」化しつつあります。本人確認書類が必要で住基カードを申請しても、住基カードを取得するためには本人確認書類が必要、という矛盾があり、窓口は苦悩しています。

共通番号制度で交付される個人番号カードは、健康保険証の代わりをするなど住基カードよりもはるかに多方面で使う想定です。「本人であることを証明」する「番号」も券面に記載されています。紛失や偽造・不正取得などでの被害もより大きくなるでしょう。住基カードでは、ICチップのデータを不正に読み取ったり改ざんする事件は報じられていませんが、それは利用がほぼ行政機関に限定されてきたためで、個人番号カードのように広範に民間利用されるようになると、内蔵のデータそのものの改ざん事件が起きる可能性も出てきます。「大綱」のような甘い認識では、被害の発生は必至です。

7　マイ・ポータル

1　マイ・ポータルとは何か

「大綱」では共通番号制度により実現すべき社会として「国民の権利を守り、国民が自己情報をコントロールできる社会」をあげています（五頁）。これを実現する仕組みとされているのが、マイ・ポータルです。これはインターネット上に作られる一人一人のサイトのようなもの（利用者フォルダ）で、個人一人一人に合わせて情報保有機関の保有する「番号」に係る個人情報を表示するものです。

マイ・ポータルの機能として四つあげられています（四四頁）。

(1)　自分の「番号」に係る個人情報をどの機関が共有（アクセス）したかの記録を自分で確認。

(2)　情報保有機関が保有する自分の「番号」に係る個人情報を確認。
(3)　電子申請の経由（ワンストップ・サービス）。
(4)　行政機関等からお知らせの確認（プッシュ型サービス）。
その運営は、「情報連携基盤」の運営機関と同一の機関とされています。

このようにマイ・ポータルを通せば、「番号」がついている自分に関するあらゆる個人情報を見ることができ、しかもいろいろな申請もできます。もし他人が自分に成りすましてしまえば、他人にあらゆる個人情報が丸見えになり、しかも他人が自分に成りすましていろいろな行政手続をして大変な被害を受けることになります。

それを防止するために、マイ・ポータルを利用（ログイン）する際に本人であることをＩＣカードを使って確認するとしています。ＩＣカードは希望者に交付されることになっていますが、所持していなければこのマイ・ポータルを利用できず、自分の権利を守れない、というのが、この共通番号制度です。

このＩＣカードは、住基カードと同様に厳格な本人確認を行って不正取得や偽変造防止のための措置を講じて交付するとしていますが、住基カード一〇年の経過は不正取得とその防止策のイタチゴッコの連続で、結局、完全な防止はできないことが証明されています。

マイ・ポータルへのログインに使うために、現行の住基カードに次の改良をするとしています。

・現在住基カードを使って行われている公的個人認証では電子申請用途にしか対応していない

ために口グインのための認証用途を付加する。
・電子証明書の有効期間を現行の三年から五年に延長して利便性を高める。
・民間事業者に利用を拡大する。
・現在、券面に住民票コードを記載していない住基カードに「番号」を記載記録する。

2　マイ・ポータルの問題点

このマイ・ポータルの問題としては、第一にマイ・ポータルからの個人情報漏洩の危険があります。このマイ・ポータルで個人情報を表示するために、情報連携技術基盤ＷＧでは、二つの方法を検討しています（「中間とりまとめ」二〇一一年七月二八日）。

(1)　すぐに表示できるように、事前に必要な情報を情報保有機関からマイ・ポータルに収集して蓄積しておく方法。

(2)　マイ・ポータルにできる限り情報を保有しないようにするため、ログイン後に情報保有機関から該当する情報を収集して表示させる方法。

(1)の方法では、マイ・ポータルが個人情報の塊になり、不正にアクセスされると自分に関する情報が一挙に漏洩します。(2)の方法ではログインしてから表示されるまでに時間がかかります。ＷＧでは、漏洩を避けるために、マイ・ポータルにおける情報保持を回避することと情報確認の即時性のジレンマを勘案して具体的方策を決めるとしており、どうなるかは不明ですが、このマイ・ポータルが情報漏洩の経路になる危険性は高いと思われます。ＩＣカードとパスワードを盗られて成りすまされたり、偽のサイトに誘導されたり、ネット・カフェで利用して漏洩したり、危険は様々です。

第二に、「IT弱者」、デジタル・デバイド（情報格差）の問題です。パソコンを持っていなかったり使えない人にとっては利用できない仕組みで情報過疎になり、利用できる人との間で情報格差が広がります。それは利用が広がり、行政からのお知らせが紙の通知からマイ・ポータルへと置き換わるほど拡大します。といって、この置き換えをしなければ行政コストは増大するため、行政における個人情報管理の効率化を目指すほど、格差は拡大します。またパソコンの扱いに習熟していない人は、誤操作などによるリスクを負います。

政府はこの問題を、「キオスク端末」と言われる簡便な表示方法で解決するとしていますが、公共の場やコンビニなどに置かれるこのような端末で個人情報の塊を表示することの危険性（第三者によるのぞき見等）もあります。

パソコンに習熟した人にとっては便利な仕組みかもしれませんが、それを全ての国民に広げるなどというのは、全国民に車の運転を要求するような無謀な試みです。

政府の担当者はリレーシンポで、「IT弱者」については代理人が見るという対策を考えているものの、その危険性もあると次のように述べています。

「マイ・ポータルというのは極めて危険度が高いです。逆に言うと自分の情報を全部見ることができてしまうというのは極めて危険度が高いので、そういう意味では代理をする場合でも、やはり一定の非常に高いセキュリティー、あるいは厳格な要件を設けざるを得ないと思っています。

例えば、高齢者の方でも成人《ママ》後見人制度で成人後見になってしまいますと、自動的に法的代理が発生しますけれども、逆に言うとそういう場合に相続などの関係で、利益相反ということが起こることは十分あります。また、親が子どもの法定代理人になりますけれども、親子関係であっても、例えばドメスティックバイオレンスなどで子どもを連れて逃げている場合などは、逆に子どもの情報を得ることによって住所を引き出せることが考えられますので、そういうことも含めて、極めていろいろな場合に耐える、具体的な場合に即応したことが必要だと思っています」（二〇一一年一一月二五日鳥取会場）。

第三に、これ自体が特定個人の情報を集約するデータマッチングの仕組みです。このデータマッチング・システムの運営は、情報連携基盤の運営機関と同一の機関とすることになっています。いくら情報連携基盤の仕組みをデータマッチングを避けるために複雑に作っても、このマイ・ポータルの仕組みを使って個人情報を一覧することは可能であり、それを行政機関や警察などが行わない保障はありません。マイ・ポータルへのアクセス記録は残さないことになっており（個人情報保護WG第四回議事録）、不正アクセスの把握は困難です。「国家による監視」を可能にする仕組みは、いろいろ組み込まれています。

第四に、このマイ・ポータルは、社会保障カードや「次世代電子行政サービス」で検討されてきた「（国民）電子私書箱」と同様の仕組みです。これは単に行政から情報提供するだけでなく、ファイナンシャル・プランナーに年金情報や口座情報を提供して資産活用に使ったり、フィットネスクラブに特定健診などの健診データ等を提供して運動や健康の指導を受けるなど、行政の保有する個人情報を民間企業に開放して新たなビジネスの創出を狙ったものでした。マイ・ポータルにこのような迷惑メールのような売り込みや宣伝が押し寄せて、必要な行政情報にたどり着くことが大変になるかもしれません。またこのような利用が広がるほど、情報漏洩の危険も増えます。

「ワンストップ・サービス」や「プッシュ型サービス」など利便性ばかり宣伝されるマイ・ポータルですが、情報漏洩や情報格差、そして国家による監視をもたらす危険があります。にもかかわらず、それをどのような仕組みにするか、なんら決まっておらず、その危険性と利便性の評価をすることもできない状態です。

8 個人情報保護をどう考えているか

1 「大綱」の認める共通番号制度のもつ危険性と対策の必要

「大綱」では、共通番号制度によってプライバシー侵害や成りすましによる深刻な被害が発生し、民主主義の危機をも招く危険性があることを、次のように認めています。

「個人情報の有用性が高まれば、扱い得る情報の種類や情報の流通量が増加し、情報の漏えい・濫用の危険性も同時に高まることから、情報活用の場面における不正は防がねばならない。もしこれを疎かにするならば、国民のプライバシーの侵害や、成りすましによる深刻な被害が発生する危険性がある。

仮に、様々な個人情報が、本人の意思による取捨選択と無関係に名寄せされ、結合されると、本人の意図しないところで個人の全体像が勝手に形成されることになるため、個人の自由な自己決定に基づいて行動することが困難となり、ひいては表現の自由といった権利の行使についても抑制的にならざるを得ず（萎縮効果）、民主主義の危機をも招くおそれがあるとの意見があることも看過してはならない」（一五頁）

そのため「大綱」は安心できる番号制度の構築のために、三つのことをふまえる必要を述べています。

第一に、番号制度に対し国民の間に生じるのではないかと考え得る次の三つの懸念に対処する「制度上の保護措置」と「システム上の安全措置」です。

一　国家管理への懸念
　国家により個人情報が「番号」をキーに名寄せ・突合されて一元管理される懸念。
二　個人情報の追跡・突合に対する懸念
　「番号」を用いた個人情報の追跡・名寄せ・突合が行われ、個人情報が集積・集約され、それが外部に漏洩する懸念と、本人が意図しない形の個人像が構築されたり、特定の個人が選別されて差別的に取り扱われたりするのではないかという懸念。
三　財産その他の被害への懸念
　「番号」や個人情報の不正利用又は改ざん等により財産その他の被害を負う懸念。

これらの指摘は、それなりに共通番号制度のもつ危険性をとらえています。とくに「国家管理への懸念」の指摘は、自民党政権下での国民総背番号制度検討では表立って指摘されることはありませんでした。しかし「懸念」という言い方には、現実の危険性としてよりも、国民が不安に思っているという「感じ方」の問題としてとらえてしまうおそれがあります。現実に起こる可能性を認識して対策しているのか、それとも不安感を解消するための対策をしているのか、福島原発事故を経験した私たちは厳しく検証しなければなりません。

第二に、住基ネットを合憲とした最高裁判決（最判平成二〇年三月六日）の趣旨を十分踏まえた番号制度にすることです。

第三に、番号制度が「住基ネットの本人確認情報よりも秘匿性の高い社会保障・税に関わる情報を中心としており、かつ、住基ネットが行わないこととしているデータマッチングを行うこととするものであることから、（住基ネットシステムより）一層高度の安全性を確保すること（一八頁）」です。

2 共通番号制度の条件となる住基ネット最高裁判決

最高裁判決の趣旨として「大綱」が述べているのは、次の六点です。この要件を充足した番号制度を設計しなければならないとしています。

(1) 何人も個人に関する情報をみだりに第三者に開示又は公表されない自由を有する。

(2)　個人情報を一元的に管理することができる機関又は主体が存在しない。
(3)　管理・利用等が法令等の根拠に基づき、正当な行政目的の範囲内で行われる。
(4)　システム上、情報が容易に漏えいする具体的な危険がない。
(5)　目的外利用又は秘密の漏えい等は、懲戒処分又は刑罰をもって禁止されている。
(6)　第三者機関等の設置により、個人情報の適切な取扱いを担保するための制度的措置を講じている。

この住基ネット最高裁判決とは、豊中市、箕面市、吹田市、守口市、八尾市の市民が、住基ネットによる個人情報の送信差し止めや住民票コードの削除、損害賠償などを求めた裁判です（平成十九年(オ)四〇三）。大阪高裁は二〇〇六年一一月三〇日、住基ネットの運用に同意しない人について住基ネットを運用することは人格的自律を著しく脅かすものであり、プライバシー権（自己情報コントロール権）を侵害し憲法一三条に違反すると認めて、控訴人の住民票コードの削除を命じる判決を下しました（平成十八年(ネ)一〇八九）。最高裁はこれを認めず、住基ネットを合憲とする判断を示しました。なお箕面市は最高裁に上告せず、この高裁判決が確定しています。

この大阪高裁判決では、住基ネットは個人情報保護対策に欠陥があり、行政機関で個人情報が住民票コードを付されて集積され、それがデータマッチングや名寄せされ、住民個々人の多くのプライバシー情報が本人の予期しない時に予期しない範囲で行政機関に保有され利用される危険が相当あると認めました。そしてこの危険性は、住民が具体的な危険性があるとの懸念を抱くことも無理もない状況が生じていると指摘しました。

共通番号制度は最高裁判決の求める要件を備えることが条件とされています。そこで大阪高裁判決がなぜ住基ネットを違憲としたのか、最高裁はそれをどう判断して合憲としたのかを見ておくことは、共通番号制度の個人情報保護策を検討する前提になります（最高裁判決は、最高裁判例検索システムで読むことができます。大阪高裁判決は、杉並区住基ネット訴訟控訴審第四回口頭弁論甲七二号証として、杉並区のサイトからみることができます）。

㈠　最高裁が否定した住基ネット大阪高裁判決

大阪高裁判決が指摘した住基ネットの不備は、次のようなものです（判決七八～八五頁）。

ア、個人情報保護法は、保有開始時の利用目的を行政機関の裁量で変更して保有することを許容し、それを監視する適切な機関はなく、住基法第四条の利用目的明示の原則が形骸化する危険性は大きい。

イ、住基ネットから提供される本人確認情報を利用できる事務は当初の九三事務から二七五事務にまで拡大され、今後も拡大が予想され、加えて自治体が条例を制定し提供することも可能。しかしその利用対象事務を把握することは困難で、異議申し立ての機会は保障されないに等しい。本人確認情報の開示請求権も、いかなる機関に提供されたかなどを確認することが不可能な状態。

ウ、住民票コードの告知制限はあるが自ら住民票写しをとって渡せば第三者が住民票コードを知ることはでき、また民間利用は禁止されているが、法の規制にかかわらず個人情報が商品価値をもち大量の個人情報の収集・流出が行われている現状では、違法な利用がたまたま発覚する以外に禁止を担保する制度はなく、禁止しても実効性は疑わしい。

住民票コードの不必要な収集禁止の規定も、法律や条例で利用事務が無制限に拡大できる以上、実質を伴わない禁止に堕する危険も少なくない。

エ、行政機関等個人情報保護法は、利用・提供の制限を定めているが、本人同意がなくても「相当な理由があるとき」「必要な限度で」目的外利用・提供ができることになっており、その要件は行政機関が自ら判断するので、目的外利用禁止の制度的担保は不十分で、実効性ある利用制限の歯止めにならない。

オ、行政機関で目的外利用が可能な場合の外延が不明確で、複数の行政機関で関連性が競合することも予想され、そうなれば各行政機関の間でデータマッチングが進められて、少数の行政機関によって多くの重要な個人情報が結合・集積され利用されていく可能性は少なくない。

カ、データマッチングや名寄せを含む目的外利用を、中立的立場から実効性ある監視をする、行政から独立した第三者機関（外部機関）が置かれていない。

キ、防衛庁が自衛官募集に関する適齢者情報収集をしていた問題で、住民票の閲覧が認められる氏名・住所・生年月日・性別の四情報以外に、健康状態、技能免許、職業、世帯主の氏名と続柄、電話番号、学校名などが市町村から提供されてコンピュータに入力されていたことは、住基ネットの本人確認情報を利用して個人情報が際限なく集積・結合されて利用されていく危険性が具体的に存在することを窺わせる。

ク、住民が住基カードを使った場合、その記録が行政機関のコンピュータに残り、それを住民票コードで名寄せすることも可能である。総務省の告示（技術的基準）で自治体の条例利用においてシステムにアクセスする利用者番号として住民票コードを使用しないことを定めているが、告示の改正によりいつでも改めることができる。

これらの判決理由は、住基ネットを合憲とした他の判決が法律で規制しているから大丈夫と済ませたのと異なり、個人情報の利用価値が高まっていく現実の中で住基ネットの運用で何が起きるかを検討し、法令で規制しても行政の恣意的な判断や法令の改正で無制限に利用拡大していく危険性を正しく指摘したものでした。住基ネットを基に共通番号制度がつくられようとしている今、予言的な判決になっています。

(二) 最高裁判決からは違憲の共通番号制

これに対して二〇〇八年三月六日最高裁判決は、次のように大阪高裁判決を否定しました。

まずプライバシー権について自己情報コントロール権ではなく、「個人の情報をみだりに第三者に開示・公表されない自由」としてだけ認めています。そして住基ネットの本人確認情報のうち四情報は開示が予定されている個人識別情報であり、住民票コードは無作為に指定した数字を割り当てたものだから、個人の内面に関わるような秘匿性の高い情報とは言えないとして、データマッチングのキーコードとしての住民票コードの危険性を軽視しています。

その上で次の理由をあげて、住基ネットのシステムや法制度の不備を否定しました。
・住基ネットは正当な行政目的の範囲内で行われている。
・システムの欠陥等で外部から不当にアクセスされて漏洩する具体的危険はない。
・本人確認情報を受領した者による目的外利用や漏洩は懲戒・刑罰で禁止されている。
・都道府県に本人確認情報保護審議会、指定情報処理機関に本人確認情報保護委員会を設置して、本人確認情報の適切な取扱いを担保している。

さらに大阪高裁判決理由の（エ）については、行政機関等個人情報保護法は行政機関一般についての取扱の規定であり、住基ネットから提供する本人確認情報の保護措置を定めた住基法の規定が優先されるから、住基法の目的外利用禁止に実効性がないという判断は誤り、と形式論で否定しました。また（ク）について、住基カードに記録された住民票コードなどの本人確認情報がサービスを提供した行政機関のコンピュータに残る仕組みにはなっていないと否定しました。

そして、次のように住基ネットの具体的危険を否定しました。
・データマッチングは本人確認情報の目的外利用に当たり、それ自体が懲戒処分の対象となる。
・データマッチングを行う目的で個人の秘密に属する事項が記録された文書等を収集する行為は刑罰の対象となり、さらに、秘密に属する個人情報を保有する行政機関の職員等が、正当な理由なくこれを他の行政機関等に提供してデータマッチングを可能にするような行為も刑罰をもって禁止されている。
・現行法上、本人確認情報の提供が認められている行政事務において取り扱われる個人情報を一元的に管理することができる機関又は主体は存在しない。

これらの理由で「行政機関が住基ネットにより住民である被上告人らの本人確認情報を管理、利用等する行為は、個人に関する情報をみだりに第三者に開示又は公表するものということはできず、当該個人がこれに同意していないとしても、憲法一三条により保障された上記の自由を侵害するものではないと解するのが相当」と合憲判断を下しました。

なおこの最高裁判決では「データマッチング」という語について、個人情報の名寄せ・結合一般ではなく、「本人確認情報を保有する行政機関が、住基法第三〇条の三三・三四で許される範囲を超えて、住民票コードをマスターキーとして用いて本人確認情報を他の個人情報と結合すること」と定義しています（五頁）。

このように最高裁判決は、データマッチングのもたらす危険性は認めた上で、それは懲戒処分や刑罰の対象になるので行われることはなく、個人情報を一元的に管理する機関・主体がないから危険性は現実化しない、という判決です。判断の対象は、提供される情報は「秘匿性の低い」本人確認情報（住所、氏名、生年月日、性別、住民票コード、変更情報）で、データマッチングには使わず、民間利用は禁止し、「専用回線」でデータを送信するという住基ネットでした。

しかし今回の共通番号制は、福祉・医療・介護・労働・税務という「秘匿性の高い情報」をはじめとする様々な行政情報が対象で、データマッチングを目的とし、民間で幅広く使用する予定で、インターネットや一般回線で情報をやり取りするものです。住民票コードから生成する「番号（マイナンバー）」や「国民ＩＤ・リンクコード」は、各情報保有機関のコンピュータに記録されます。そして共有される情報の流れを一元的に管理する「情報連携基盤」が作られます。最高裁判決を前提としたら、そもそも許されない違憲のシステムです。

9　「大綱」の考える個人情報保護対策とは

「大綱」が個人情報保護対策の対象とする「番号」に係る個人情報は、次のように定義されています（三三頁）。

・「番号」。
・情報連携基盤を通じた情報連携の対象となるものとして法定された社会保障及び税分野の個人情報。
・（情報連携基盤を通じた情報連携の対象とはならないものの）法令に基づき「番号」を取り扱い得る事務において「番号」と紐付いて扱われる社会保障及び税分野の個人情報。

個人情報保護対策としては、「制度上の保護措置」として第三者機関による監視や自己情報へのアクセス記録の確認、法令上の規制等措置、罰則強化を、「システム上の安全措置」として個人情報の分散管理、「番号」を直接用いない情報連携、アクセス制御、個人情報及び通信の暗号化、公的個人認証の利用などをあげています。

さらに番号制度の導入にあたっては、国民が自己情報をコントロールできる仕組みとし、情報漏洩等をしっかりと防ぐ対策を講じるなど、個人情報保護の仕組みを整備することが不可欠かつ肝要であることを認識して、整備に向けて真摯に取り組まなければならないと述べています。

しかし「大綱」の述べるこれらの措置は、とうてい番号制度導入の前提条件を満たすものにはなっていません。

1　システム上の安全措置

「システム上の安全措置」については、情報連携で述べたようにどのようなシステムになるのか不明で検討することもできない状態で、このような段階で番号法を国会に提出して導入を決定しようという姿勢自体、真摯な取り組みとは言えません。

「個人情報の分散処理」については、たしかに個人情報そのものは引き続き各機関で保管することで、一つの巨大なデータセンターにあらゆる情報を集中保管するという「古典的な国民総背番号制度」に比べて、情報が一挙に漏洩するという危険は減少するでしょう。

しかし共通番号制によっていままでは各機関でそれぞれ管理していた個人情報が、政府の管理する「情報連携基盤」の一元的な管理のもとで共有されることになり、「国家管理への懸念」や「個人情報の追跡・突合に対する懸念」はこれではなんら解決しません。むしろこの分散管理方式は、データセンターに集中保管する方式よりも様々な機関の情報をつなげ易いという拡張性があり、それこそが分散方式採用の理由ではないでしょうか（『私を番号で呼ばないで』七六～七八頁、社会評論社）。

その一方で、情報連携のところで述べたように、この情報連携基盤を通さずに情報共有を行うルートが予定されています。

・法令に基づき書面又は電子的手法を通じて情報収集がなされているものについては、情報連携に該当しない（四二頁注二二）。

・制度上情報の共有が想定されており現に書面または電子的手法で情報共有がされている場合などは、個別の事情をふまえた取扱いを検討（四三頁注二二）。

・専ら一方の行政目的を達成するために法令の規定に基づいて行う提供も、「情報を相互に活用する」情報連携には当たらない（一四頁）。

・医療・介護等の分野での情報連携の仕組みについては、別に検討。

これらは情報連携基盤でアクセス記録をとることもなく、したがってそれをマイ・ポータルなどで照会確認することもできません。

「番号」を直接用いない情報連携という原則も、「国民の懸念」を解決するものではありません。見える「番号」を使って不正に各機関のもつ情報にアクセスされる危険は多少減少するかもしれません。しかしそもそも「国家管理への懸念」とは、国家により個人情報が名寄せ・突合されて一元管理される懸念です。この名寄せの道具が「番号（マイナンバー）」であれ国民ＩＤ・リンクコードであれ、同じことです。

しかも情報連携基盤の検討では、この原則に反する「番号（マイナンバー）」を直接使った情報連携とか、「番号」からリンクコードを生成しての情報連携などの案も事務局から提案されている状態です。

さらに各情報保有機関は、それぞれの固有の個人情報管理番号（基礎年金番号など）と「番号」と「リンクコード」を紐付けしてみずからのデータベースに記録します。「番号」で照会すれば情報保有機関の間で従来できなかった同一人確認ができ情報交換が可能になるため、情報連携基盤を介さずに個人データの相互利用が行われていく危険性があります。

「アクセス制御」に至っては、情報連携基盤技術ＷＧの報告類を見てもほとんどその方法を検討した形跡がありません。わずかに「骨格案（二）」で「照会元情報保有機関、照会先情報保有機関においては、各機関におけるシステム改修の負担等も考慮しつつ、情報連携に関連する業務に携わることができる職員を予め限定し、関係する端末やデータベースへのアクセスを適切な方法により制御することにより、不正アクセスや情報漏洩を防止するとともに、事後的な当該機関内又は第三者機関等による監査の対象とすることを検討すべきではないか」（六頁）とあるだけで、その後は、早急に検討を進めるべき等の記載があるだけです。

この間、多発している大規模な個人情報漏洩事件の多くは、社員や委託先など情報にアクセスできる権限を持つ者からの漏洩です。携わる職員を限定しアクセスを制御していても、漏洩を防げないのが現状です。

今回の共通番号制度は、可能性としては官民のあらゆる個人情報にアクセスできるようにするものです。これだけ個人情報漏洩が続いている状況で、そのような危険なことが許されるでしょうか。

2　制度上の保護措置

(一)　住基ネットと同様の対策

システム上の安全措置に比べて、法制度の整備については「番号法」制定を想定して具体的になっています。しかしその内容は、住基ネットと同様の法令上の規制や自己情報へのアクセス記録の確認、罰則強化と第三者機関による監視です。これらの措置を講じても、住基ネットに対する国民の不信は解消されませんでした。ましてや今回は「大綱」みずから住基ネットよりも一層高度の安全性を確保することが求められるとしています。とてもこれで国民が安心して番号制度を利用するとは思えません。

「法令上の規制」については二〇一一年五月一八日の個人情報保護WG第五回で、共通番号制度と住基法の個人情報保護関連規定が比較されています（資料五―一）。利用目的の制限・明示、告知要求制限、データベース作成禁止、守秘義務・第三者提供の制限、閲覧・複製・保管の制限、安全管理措置など規制はほとんど住基ネットと同じです。

「利用目的の明示」といっても、住基ネットでは住基法別表に対象事務が列記され総務省令でその内容が規定されていますが、それを見ただけではどのように使われているかわかりません。「住民票コードの告知要求の制限」や「住民票コードを含んだデータベースの作成禁止」「第三者への提供制限」などの規定は、抜け道だらけでした（『私を番号で呼ばないで』八五頁～）。

「自己情報へのアクセス記録の確認」は、住基法には規定されていませんでしたが、住基ネットに対する国民の不信の噴出と自治体からの批判に押されて、住基ネットの「技術的基準」に追加して二〇〇三年一一月から、住民の請求があれば住基ネット全国センターから情報提供を受けて都道府県知事が開示する制度がはじまりました。ただ開示されるのは、住基ネット全国センターからどの機関に本人確認情報を提供したかだけで、その先の利用状況までわかるわけではありません。

逆にこのシステムは特定個人について本人確認情報の利用状況を集約することになり、たとえばある人がどの年金を受けているかとか、技術士試験や司法試験を受験しているとか、放射線取扱主任者・学芸員・工事担任者資格者・無線従事者・電気通信主任技術者・不動産鑑定士・気象予報士などの資格を持っているとか、在留資格認定証明書を交付されているとか、中国残留邦人であるとか、成年後見を受けているとか、原爆被爆者や石綿被害者であるなど、住基ネットから本人確認情報を利用できる事務を通して様々な個人像を描くことを可能にするもので、これ自体がプライバシー情報です。もし戦争になれば、ある技術や資格を持っている人を徴用することにも活用可能です。共通番号制度になれば利用対象は一挙に拡大し、このアクセス記録自体が大変なプライバシー情報の塊になります。

不正な利用を確認するためには、できるだけ長い期間、提供した内容のわかるアクセス記録を保管しておく必要があります。しかしそうするほど万一アクセス記録が漏洩した時のプライバシー侵害は大きくなります。

このアクセス記録の確認は「マイ・ポータル」というインターネット上の個人用ホームページ

で行うため不正アクセスに晒される危険が高く、かえって「国民の懸念」を現実化してしまうというジレンマです。

なおこのアクセス記録の確認は、「行政機関個人情報保護法第一四条に規定される除外事由を踏まえ、必要に応じて除外事由を設ける」ことになっています（三九頁）。この第一四条は行政機関が保有する個人情報の開示義務で、国の安全が害されるおそれのある情報や犯罪の予防、鎮圧又は捜査などに支障を及ぼすおそれがあると行政機関が認めた情報などは、開示しないというものです。警察が関与したアクセス記録も確認することはできません。

(二)　罰則強化は何をもたらすか

「大綱」の「番号」に係る個人情報の保護策は、重罰化と新たな罰則の創設で対処する姿勢が顕著です。しかしこの重罰化による保護策では、刑法の原則からたとえば過失で漏洩した場合とか、法を犯す意思（故意）がない場合は処罰できず防げません。その一方で、刑法罰を課すということは警察が取り締まり対象にするということで、これ自体が「国家による監視の懸念」を高めるものです。

そもそも処罰をうける対象も曖昧です。「番号」に係る個人情報の中に「番号」そのものの漏洩や不正利用等も含まれるか否かについては、個人情報保護WGの中でも意見が様々です。情報保有機関が「番号」を変換して保有した場合はどうなるかなど、検討そのものが混迷してします。さらに情報連携基盤を介して個人情報を活用する情報保有機関の中には、「番号」を利用せずに国民ＩＤ（リンクコード）だけを使う場合も想定されていますが、この国民ＩＤ（リンクコード）の漏洩等がどのような扱いになるかは、非公開の番号であるということで検討すらされていません。
罰則の対象となる「番号」を利用する機関・事業者が何かも曖昧です。「大綱」では次のような「番号」の利用者が想定されています（三五頁）。

ａ 「番号」の告知を法令に基づき求めることができる行政機関、地方公共団体、関係機関（日本年金機構が例示されていますが、何が含まれるか不明）の職員。

ｂ 法令に基づき「番号」を取り扱いうる事業者（再委託・再々委託先等を含む。金融機関や源泉徴収義務者・特別徴収義務者たる事業者等が例示されています）とその従業者（派遣労働者を含む）。

ｃ その他法令に基づいて書面に第三者の「番号」の記載を求められる者（例示なし）。

ｄ それ以外に他人の「番号」を知りうる業務の従業者（本人確認手段として番号が券面に記載されたＩＣカードを利用するたとえばレンタルビデオ店など）。

当然、年金・医療・介護・福祉・労働の分野は含まれるので、利用機関・従事者は膨大な人数になります。さらにたとえば確定申告を代理で行う税理士など必然的に「番号」を知ることになる者もいます。いずれ「納税者番号」として利用されれば、あらゆる商取引に関わる人が対象になります。

このような様々な利用者の誰を対象にどのような罰則をかけるのか、それ如何によっては、大変な警察国家が生まれることになります。罰則が恐ろしくて「番号」を使わない、番号ICカードでは本人確認しない、という事業者も出てくるでしょう。といって、罰則に依存した個人情報保護策のために、罰則を軽くすれば国民の個人情報への不安を解消できないというジレンマに陥っています。

(三)　本人同意を否定

「大綱」は、番号制度が実現すべき社会は「国民の権利を守り、国民が自己情報をコントロールできる社会」であるとしています（五頁）。自己情報コントロールのためには、収集利用目的や提供先・利用内容が明示されること、誤って記録された情報の訂正を求められることなどの権利が必要ですが、もっとも重要なのは自らが望まない形で自己情報が利用・提供されないようにする「本人同意」です。

しかし「大綱」では、「番号制度の導入について、原則として本人同意を前提としない仕組みとする（「大綱」二〇頁）」としています。

その理由として、この制度の趣旨に鑑みれば「番号」を利用し又は情報連携を行うに当たって本人同意を前提とする場合、

・いわゆる情報過疎の状態に置かれ行政が把握しにくい真に手を差し伸べるべき者に適切な給付を行うことが困難となる。

・意図的に不正申告を行い、又は不正受給を受けている者が番号制度に参加することも期待で

きず、制度導入の目的が図れないこととなる。

の二点をあげています。

しかしそもそも今回の番号制度は、住基ネットをベースとしているために、住民登録を喪失したり、住民登録から排除されたり、住民登録地と異なるところで生活せざるをえない状態に置かれている「真に手を差し伸べるべき者」を、今以上に行政が把握しにくくするものです。一点目は理由にならず、本音は不正の摘発という制度の導入目的が実現できなくなるから、ということです。国民の権利を守る番号ではなく、国民を監視するための番号であるという本音が露呈しています。

このように述べた上で、「大綱」は「その上で、機微性の高い個人情報（特に取扱いに配慮が必要な個人情報）のやり取り等あらかじめ本人の同意を得て「番号」の利用又は情報連携を行う必要がある個人情報については、その旨法律又は法律の授権に基づく政省令に記載することとする」と述べています。

この法令は未定ですが、不正の摘発など国民を監視するための番号という制度の導入目的から、本人同意の範囲は限定的なものになるでしょう。

共通番号制度の論議がはじまった時、民主党の原口総務大臣（当時）は毎日新聞のインタビューで、次のように選択制にする必要を述べていました。

「――住民基本台帳ネットワークシステム（住基ネット）についてはどう考えますか。

◆住基ネット（の住民票コード）は、中央政府が国民を管理するために必要な番号。だから反発が出た。番号は人から付けられるものでも、強制されるものでもない。出入り自由が大事だ。（自民党）前政権が作った住基ネットが私の考え方とずれているのは明らかで、自らの利便性の面から、自らが権利行使する番号に変えていくのが一つの解決方法だ。（住民基本台帳法の）法改正も含めた議論が必要と思っている。

―住基ネットに入りたいと思う人は入り、入りたくない人は入らないという選択肢を設ける？

◆そうだ。入らなければいろんなサービスから漏れることは我慢しますね、ということになる」

（毎日新聞二〇〇九年一二月二五日）

しかし官僚からの圧力があったのか、発言は「選択制」とはほど遠くへ変質していきました（やぶれっ！住基ネット情報ファイル「どこへいった？住基ネット個人選択制」参照）。

10　第三者機関は実効性があるか

個人情報の利用ルールをいくら法令で定めても、行政がそれを勝手に解釈して利用する可能性があります。その利用が事前にわからなければ裁判で利用差し止めを請求することもできず、被害をうけてから事後的に裁判に訴えても権利回復は容易ではありません。そこで行政から独立・中立の第三者機関を設置して、事前に行政をチェックする仕組みが必要とされてきました。

一九七〇年代から地方自治体で作られはじめた個人情報保護条例ではこの第三者機関が設置され、新たな個人情報の登録・利用は行政の判断だけでは行わず、学識経験者や住民代表の審議・承認をうけて開始する仕組みができています。しかし国では、一九八八年の行政機関等個人情報保護法の制定時にも、その後二〇〇三年に改正された際にも、第三者機関の必要が指摘されてきましたが、行政機関のスリム化に反するという理由で未だに設置されていません。

今回、共通番号制度の法制化にあたって、第三者機関の設置が個人情報保護対策の重要な柱としてうたわれています。しかしこれは共通番号制度実施の有無に関わらず、そもそも設置しておかなければならないもので、対象も「番号」に係る個人情報だけでなく行政機関の個人情報運用全体を監視するものでなければなりません。

1　住基ネットの第三者機関はどうだったか

住基ネットで運用を中立的にチェックする行政から独立した「第三者機関」があるか、ということは、裁判でも争点になってきました。総務省は「都道府県に本人確認情報保護審議会を、指定情報処理機関に本人確認情報保護委員会を設置。総務省に住民基本台帳ネットワークシステム緊急対策本部や第三者機関である住民基本台帳ネットワークシステム調査委員会を設置」と説明してきました（「住民基本台帳ネットワークシステム個人情報保護の取組み」）。しかしいずれも、第三者機関の役割をはたせないばかりか、むしろ「国民の懸念」に対峙して住基ネットを推進する役割を担ってきました。

㈠　機能していない本人確認情報保護審議会

住基法で都道府県に設置が義務づけられた本人確認情報保護審議会は、都道府県知事の諮問に応じ本人確認情報の保護に関する事項を調査審議し都道府県知事に建議するとともに、住民票コードの利用制限違反に対して都道府県知事が勧告する際に意見を聞かれるなど、住基ネットの運用をチェックする役割があります。設置形態は単独で設置している所や東京都や神奈川県のように情報公開・個人情報保護審議会に併せて行っているところがあります。

田中康夫長野県知事の時代の長野県本人確認情報保護審議会のように、住基ネットの運用をチェックする本来の役割を果したところもありますが、その他は単独設置では年平均一回、事務局の説明をうけて質疑をする程度で、併設のところの審議は情報公開や個人情報一般が中心であり、これだけ批判を浴びた住基ネットを検証しようとする姿勢はありませんでした。

㈡　公開されない本人確認情報保護委員会

指定情報処理機関には、本人確認情報保護委員会の設置が義務づけられています（住基法三〇条の一五）。指定情報処理機関とは、都道府県からの委任により全国民の本人確認情報を集中管理して国等の機関に提供するとともに、住基ネットシステム全体の運用を事実上管理する住基ネット全国センターで、総務省の外郭団体である地方自治情報センターが指定されています。

この地方自治情報センターは民間団体であり、情報公開法や行政機関等個人情報保護法の対象外です。地方自治情報センターに情報公開を求めても、「自己の本人確認情報の開示を除き、指定情報処理機関である財団法人地方自治情報センターに対し、情報公開等を定めた法令はありません」という回答がされています。

この委員会は、指定情報処理機関の代表者の諮問に応じ、本人確認情報の保護に関する事項を調査審議し、必要と認める意見を指定情報処理機関の代表者に述べることができる、とされているものです。しかし開催状況は、平成一四年から事務局や総務省の説明をうけて質疑を交わす会合が年一～二回開催されるだけで、歴代の委員を見ても住基ネットを推進してきた立場の方が中心です。

(三) 住基ネット推進委員会となった調査会

住基ネット反対の世論の高まりをうけて、二〇〇二年八月の住基ネット稼働直前、片山総務大臣(当時)は稼働後の運営を監視するため、有識者や自治体首長らで構成する調査委員会を設置することを発表しました。この「住民基本台帳ネットワークシステム調査委員会」は、住基ネットの運営、個人情報保護措置、セキュリティ対策、地方公共団体の体制などのあり方について幅広く調査審議を行い、総務大臣に意見を述べることを目的とした総務相の私的諮問機関であり、住基法上の権限をもった第三者機関ではありません。

しかしこの委員会の実態は、住基ネット推進委員会でした。住基ネットスタート直後の二〇〇三年は七回開催されたもののその後は年一～二回で、しかも審議の内容はどんどん住基ネットの利用拡大に向かいました。長野県が住基ネットへの外部からの侵入の危険性等を指摘した際に、二〇〇三年八月五日に住民基本台帳ネットワークシステムのセキュリティに関する公開討論会が総務省の主催で行われましたが、そこで長野県側の代表である長野県本人確認情報保護審議会委員に対峙したのは、この住基ネット調査委員会の委員でした。

今回の共通番号制度への利用拡大にあたっても内部に専門委員会を設置して、二〇一一年六月三〇日に「社会保障・税に関わる番号制度に関する議論を踏まえた住民基本台帳ネットワークシステム等のあり方について【中間論点整理】」をまとめています。しかしこの一〇年間問われ続けた住基ネットの問題点にはまったく触れることなく、いかに住基ネットが活用されてきたかだけを強調して、共通番号制にあたっての住基ネットの利用を述べています。

この【中間論点整理】を論議した第二一回会合（二〇一一年六月二三日）では、もっと利用拡大や課題について述べるべきだという意見に対して、そうすると番号反対論者を刺激するから今のところはほどほどに書いておくという本音が語られています。（議事録　http://www.soumu.go.jp/main_content/000128365.pdf）

【松尾委員】　今までの効果という意味では、ストレートに見えるんですけど、将来に向けてという部分が書きにくいところ、利便性の部分をちゃんと、ものすごく口に出していただかないと、ドライバーにはならないなというのが、担当部署として……。

【安田座長】　まあ、ちょっと中間段階での中間論点整理ではなかなか難しいので。前に進まないといけないので、あんまりバラ色に書いて、ほんとにそうかという問題と、そんなにしてもらっちゃ困るという話が出てくるのが一番怖いんです。ですから、とりあえずちょっとかための表現にさせていただいて。


【山崎住民制度課長】そうですね。「番号」反対論者というのも非常に強くおりますので。

【加藤委員】逆に刺激されてもね。

【大山座長代理】そうですね、そうなりますね。

【安田座長】すぐプライバシーのほうへ突っ込まれちゃうので。

【加藤委員】いい話ばっかり言ったって、逆に。

【清原委員】そうそう。

【加藤委員】いい話ばっかり前面に出ちゃうとね、ほんとかよというふうな、今は信頼をされていない状況ですから、少し控え目のほうが、座長が言われるようなことには私も賛成です。

【安田座長】そこまでいくとプライバシーが本当に問題になるぜという議論のほうが大きくなるんですよね。だからとりあえずはまず前へ進むという意味では、ちょっとバラ色でない部分も多くないけど、バラ色には見えにくいかもしれないけど、とにかくかためにということにさせていただきたいと。（議事録三六〜三七頁）

【加藤委員】（清原三鷹）市長もちょっと今言われて、私も感じたんだけど、ゴールトータルで、懸念とか留意点とか、さっき課題とかというふうな話し方もあったんですけども、少しいいところだけ前面でなくて、いや、こういう制度については、こういう留意点があるべきだし、課題だしというようなところも、どこかにあってもいいのかなという感じがするんですけれども、それを検討いただければと思います。

【安田座長】分かりました。今後の課題だけじゃなくて、留意点もあるかもしれません。ただ、あんまり前面に出すと……。

【加藤委員】わかります。

【安田座長】前へ進まない可能性があるので。

【加藤委員】範囲の中で検討いただいて。

【安田座長】やんわりとという感じです。ありがとうございます。一応そんな恰好で、きょうの議論を踏まえて、整理をしたいと思います。（議事録四一頁）

これが総務省が住基ネットの第三者機関と主張してきた委員会の現実です。

ちなみにこの会合では、住基ネット利用推進を一貫して主張してきた前川徹サイバー大学教授から、住民基本台帳での住所と実際の居所のズレが拡大しているため「番号」が私が私であることを証明する唯一のものになっていく、という指摘をうけて、番号カードへの生体認証情報（バイオメトリクス）や身体への番号の埋め込みなどが論議されています（議事録四〇頁）。

共通番号制導入後の社会では「番号」とカードだけが「私が私であること」を証明するものになり、現実に生きている私は「番号」の属性データでしかなくなるというイメージは、たいへん示唆的です。番号とカードを他人に成りすまされたり、国家にデータを抹消されれば、私の存在を証明するものはなくなります。「我、番号あり、ゆえに我在り」の世界です。

2 「大綱」の考える第三者機関

共通番号制度では、第三者機関については次の論点が検討されてきました。

・設置の法的形式は、独立性のある三条委員会か、省庁の下部組織である八条委員会か。
・委員会方式か、欧米に多い独任のコミッショナー方式か。
・監視対象機関は、国の行政機関だけか、地方自治体も含むか、民間も対象とするか。
・監視対象業務は、税・社会保障に限定するか、個人情報全体とするか。
・機能と権限。

法的形式については、「要綱」では公正取引委員会や国家公安委員会、中央労働委員会のような行政機関から独立性のある「三条委員会」を置くとしていました。個人情報保護WGでの論議も三条委員会とする方向でしたが、「大綱」では法的形式は明記されませんでした。その背景は「第三者委員会を公正取引委員会のように他の行政機関から独立した『三条委員会』とする当初の方針は、影響力を残したい政治家の横やりで削除された」(産経新聞二〇一一年八月三一日)と報じられています。個人情報保護WGでも、各省協議のなかで三条委員会と決める形では書かないでほしいとの話があったことが事務局から報告されています(第五回議事録六頁)。

委員会形式とし、委員長および委員は内閣総理大臣が両議院の同意を得て任命し、委員は学識経験者、地方公共団体、民間等の関係者を含めるとしています。

監視対象機関については、「行政機関、地方公共団体、関係機関又は「番号」を取り扱う事業者（本人確認書類として番号ICカードを使った場合）」を「監督対象機関等」としています。

業務は、「番号」に係る個人情報の取扱いの監督、苦情処理、情報連携基盤および他の機関との接続部分の監査、情報保護評価（プライバシー影響評価）実施の助言・報告書の承認、番号法に係る適格認証手段の承認、国際協力、そして「番号」に係る個人情報の保護方策や番号法に関する普及啓発や相談の受付となっています。

この第三者機関で、はたして「国民の懸念」は解決するのかが問題です。

住基ネットや原発の例をみても、第三者機関は監視というより行政のやることにお墨付きを与えて追認する役割をはたしてきた歴史があります。今回についても、「大綱」では「委員会は普及啓発等の業務を通じて、いわゆる過剰反応の防止にも努めることとする」と注記しています（四八頁注三六）。「過剰反応」とは、保護のしすぎという意味で、保護よりも利用促進を、という立場の決まり文句です。もともとこの共通番号制度での個人情報保護は、個人情報の有効活用に配慮しつつ講じるとされていました（一六頁）。個人情報保護WGでは第三者機関について、個人情報の保護を言うばかりでは過剰反応に与するだけであり、むしろ本当に重要な点は有効な情報連携ですよと助言を与える役割もあるとか、個人情報活用の可能性を塞ぐことがないようにとか、同じ機関に「アクセルとブレーキ」を持たせた方がいいかどうかなどの意見が交わされています

（第六回議事録）。

国家は国民管理支配のために個人情報をできるだけ集めようとする宿命を持っています。民間機関も個人情報が生み出す利益のために、必死に個人情報を収集しています。このような傾向を放置すれば個人の人格権も生活も損なわれてしまうために、第三者機関は歯止めのために必要とされていますが、「大綱」のような姿勢ではむしろ利用拡大の推進機関になりかねません。

第三者機関は、次の四つの権限・機能を持つとされています。

(1) 問題の発見・調査（資料提出・説明要求、苦情相談・調査、報告要請・立入実地検査）。

(2) 発見・調査した問題を解消する権限・機能（助言・指導、勧告、措置命令）。

(3) 情報連携基盤等の監査及び情報保護評価。

(4) その他として次のア～ウの機能

ア　著しく異常かつ激甚な非常災害への対応等特別の理由がある場合には、情報連携基盤を通じた情報連携を許可。

イ　番号制度又は同制度における個人情報保護のための方策に関する重要事項について内閣総理大臣に対して意見を述べることができる。

ウ　行政機関が「番号」に係る個人情報が記載されているデータベース等を保有等しようとするときは、一定の場合を除き、あらかじめ、委員会に対し、同ファイルの名称、利用目的及び経常的な提供先等を通知。

しかし調査対象からは、犯罪捜査など一定の事由に関連するものは除かれています（四九頁）。二〇一〇年一〇月におきた、警視庁外事三課の保有する公安情報ファイルがファイル交換ソフトによって流出した事件では、警察がイスラム教徒を敵視しテロとは無関係の信者の生活情報を洗いざらい調べたり、さらに市民団体や在外公館なども調査するなど、人権侵害も甚だしい個人情報収集をしていることが明らかになりました。共通番号制ができれば、このような情報収集に利用されることは予想できます。これこそ国家管理や個人情報の追跡・突合の危険性です。警察等をチェックしない第三者機関では、「国民の懸念」を解消できるはずもありません。

個人情報保護WGでも、第三者機関の実効性には疑問が出されています。今回の番号制度の対象は、行政や地方自治体などだけでなく、数十万の医療・介護機関、源泉徴収をしているすべての企業、そして本人確認で番号ICカードを利用する事業者まで、広範な範囲になります。第六回会合では金融庁から金融機関検査の例が報告されていますが、約六〇〇の銀行・信金・信組を二、三年に一回検査している状態です。

第三者機関は番号法案では、委員長の他は委員六名（内三名は非常勤）で構成されます。このような組織で、番号に係わるすべての機関・事業所の不正利用を監視することは到底不可能です。また高度なIT技術による情報連携基盤などのシステムを監視するためには、専門家に委託しなければならず、その委託先がシステムの詳細を知ることになりリスク要因にもなります。

第三者機関による運用のチェックは必要ですが、その効果は限定的です。

3　情報保護評価でプライバシーは守れるか

「大綱」が考えている個人情報保護のもう一つの方法が「情報保護評価」の実施です（四〇頁）。番号法案では「特定個人情報保護評価」（第一五条）となっています。政府・与党社会保障改革検討本部に設置された「情報保護評価サブワーキンググループ」が検討中で、二〇一一年一二月二二日に政府や「番号生成機関」、情報連携基盤を利用する事業者向けの「情報保護評価ガイドライン案」が示されている段階です。

これは欧米で行われている「プライバシー影響評価」に相当するものとされ、「番号」に係る個人情報ファイルが取り扱われる前に、個人のプライバシー等に与える影響を予測・費用化し、かかる影響を軽減する措置を予め講じるために実施されるものです。なおプライバシー「等」となっているのは、財産等の被害の懸念も評価対象とするためです。

この「ガイドライン案」では、情報保護評価によって情報保有機関は、「番号」に係る個人情報ファイルの保有が個人のプライバシー等に対し特段の影響を及ぼさないと認められることを、情報保護評価報告書において宣言しなければならない（五頁）とされています。

この情報保護評価の目的として、三点説明されています。

(1)　プライバシー侵害は発生後の回復が容易ではないため、事後的な対応でなく、積極的な事前対応を行うこと

(2)　番号制度が本人同意を前提としないために、情報保有機関がプライバシー等の権利利益保

護にどのように取り組んでいるかを自ら宣言し、国民の信頼を獲得すること。
(3) 第三者機関が確認を行うことで、情報保護評価の厳格な実施を担保し、実効的なものとすること。

個人情報保護法令ではプライバシー問題のすべてが解決されるわけではないため、情報保護評価は法令遵守という「基準クリア型」ではなくプライバシー保護という「ベスト追求型」の評価であるとされています。具体例としては、行政機関等個人情報保護法では利用目的を「できる限り」特定し、利用目的を変更する場合は合理的に認められる範囲を超えてはならないとされているものの、個人情報の特定の項目や種類が具体的にどのような目的に利用されるかについてまでは、特定・通知・公表する義務を負わせていません。これに対してプライバシー保護を目的とすると、個人情報の特定の項目や種類がなぜ必要なのか、具体的にどのような目的に利用されるのかを事前に特定し、積極的に公表していくことが求められると説明されています。

このような説明を聞くと「これで安心」と思いそうですが、はたしてそうでしょうか。情報保有機関は「個人のプライバシー等に対し特段の影響を及ぼさない」ことを宣言することを求められますが、そもそもこの共通番号制度がプライバシー侵害のシステムであれば、それは不可能なことです。この「情報保護評価」は、情報連携基盤に対してもシステム設計段階で実施することになっていますが、本当にプライバシー保護の視点から評価すれば、共通番号制度そのものができなくなるはずです。

このような事前評価の仕組みは、地方自治体ではすでに「電算条例」や個人情報保護条例によって数十年前から行われています。行政内部で新たにコンピュータを使って個人情報を扱う場合などに有識者や議員を交えた「個人情報保護審議会」に諮り、承認を得てから利用を開始する、というような仕組みです。この仕組みは、どのように住民情報が利用されているかの公開性・透明性を確保することに役立っており、行政だけの恣意で住民情報を利用しない歯止めとなっています。今回の「情報保護評価」制度は、「番号」を使う個人情報ファイルのみを対象としていますが、本来は自治体で行われているように、国のすべての個人情報のコンピュータ処理について行っていくべきものです。

しかし個別業務での個人情報の利用と異なり、今回の共通番号制度は広範囲に個人情報を共有する制度で、はたしてこのような画一的な基準でプライバシーへの影響を評価できるのか疑問です。

何をプライバシーとするかは、人によって様々であるばかりでなく、場面毎にも異なります。たとえば「障害」を例にとれば、どんな場合でも隠しておこうという人もいれば、オープンにそれを自らのアイデンティティとして表現して生きる人もいます。福祉サービスを利用する際には積極的に自らの「障害」を伝える人も、「障害」を理由にして不利益を受けそうな場合には、隠そうとするでしょう。共通番号制度では、たとえば福祉サービスの利用や健康管理のために提供した自らの情報が、それとはまったく異なる目的のために使われる可能性があります。当然、使う行政側は本人の利益のための使用と主張するでしょうが、それが本人の意に反した行政措置や指導である場合もあります。

このように人によって様々なプライバシー観を、どうやって当事者でもない専門家が判断するのでしょうか。

「情報保護評価」に意味はあり、そもそも「番号」個人情報に限らず実施すべきですが、しかしとりわけ共通番号制度のような様々な事務への個人情報の利用・提供を前提とした制度では、本人の同意に基づく利用・提供の選択権が保障されなければなりません。特に差別的扱いの原因になるおそれのある病歴・病状、健康、介護、「障害」、失業・生活保護、母子世帯等のセンシティブ情報では、利用拒否型の選択権（オプト・アウト）ではなく、自らがその情報を提供したいときだけ提供するオプト・イン型の同意とすべきであり、かつ、利用の仕方・提供の相手に応じてその同意のレベルを変える仕組みが必要です。しかしそれでも「プライバシーに特段の影響を及ぼさない」ということはありません。共通番号制度を行わないことが唯一の解決策です。

第三章　なぜ共通番号制度をいまつくろうとしているのか

1　「社会保障・税番号大綱」に書かれている理由

いままで見てきたように、共通番号制は基本的人権を侵害する危険性があり、そのことは政府も認めています。にもかかわらず、なぜ共通番号制度を導入しようとしているのでしょうか。

「大綱」をはじめとする導入に向けての文書には、さまざまな理由が述べられています。しかしそれらは、現在の社会保障や税制の問題の解決を短絡的に番号制度に求めたり、さまざまな課題が番号制度によって解決するかのように描いたり、宣伝される番号のメリットと実際に述べられていることが食い違っていたりして、何のための番号制度導入なのか、理解に苦しむものになっています。

たとえば「大綱」では、冒頭の番号制度の導入の趣旨で、導入の背景として、

・少子高齢化（高齢者の増加と労働力人口の減少）

・格差拡大への不安

・情報通信技術の進歩

・制度・運営の効率性、透明性の向上への要請

・負担や給付の公平性確保への要請

をあげています（二頁）。

しかし、少子高齢化や格差拡大への不安の高まりという「時代背景」が、なぜ番号制度の必要

になるのでしょうか。

少子高齢化が進むのは、子を産み育てる環境が整っていないことが大きな原因ですが、それは番号制度によって解決するのでしょうか。番号制度にかかる何千億円の経費を保育園の整備などに回した方が効果的ではないでしょうか。

労働者の格差が拡大したのは、派遣労働など低賃金不安定な非正規労働を拡大してきた政策や男女の雇用条件の差別の結果です。「所得情報の把握による再分配」以前に、雇用の場で雇用形態による差別を解消していくことこそ必要ではないでしょうか。また高齢者の格差は所得よりも資産の格差がより問題ですが、今回の番号制度が把握するのは所得であり資産ではありません。これらの格差の解決は、番号制度以前にどのような政策を行うかの問題です。

一方、情報通信技術の進歩は官民に恩恵をもたらすもので「国民の生活に関わる様々な制度の設計も、近年の情報化の進展を適切に踏まえたものとすることが必要」と述べています。しかし情報通信技術の進歩の活用が、なぜ「共通番号制度」になるのでしょうか。逆に情報通信技術が進歩しているからこそ、あらゆる個人情報にアクセスできるマスターキーのような「共通番号制度」を導入して大丈夫なのかが問われているのではないでしょうか。「共通番号制度」は情報通信技術の「活用」ではなく「悪用」です。

さらに「給付や負担の公平性の実感」を述べていますが、問題は何を「公平」とするかです。税金や保険料を多く負担した者が多くの給付を受け、負担の少ない者の給付を抑制することを公平と考えるのか、それとも病気・怪我・失業などの生活上のリスクは誰にでも起きることと考えて負担に関わらずに給付を受けられることを公平と考えるか、それによって「実感」はまったく異なります。番号制度をこのいずれの政策のために使うのかということの合意なしに、番号制度を入れれば公平性を実感できるということにはなりません。

つまりどのような政策を行うのかが問題であり、そのために番号制度という道具が必要なのか、という検討と国民的合意がまず必要です。

「大綱」では続く「課題」のところで、どのような政策に番号制度を使うか、すこし具体的に述べています。

まず、国民がこれまで行政に対して抱いてきた不満を、「自分の納めた税金や保険料にふさわしい社会保障給付」が受けられてきたかにあるとしています。つまり「大綱」の考える「受益・負担の公平性・透明性」とは、多く負担した者が多くの給付を受け、負担の少ない者の給付は抑制することではないかと推測されます。「少ない負担なのに多くの受益を得ている不公平」を一人一人について見えるようにしていく（透明性）ことで、負担することのできない人への給付が抑制される政策へと転換していくことは、むしろ格差拡大につながるのではないでしょうか。「背景」と「課題」が逆の方向を向いています。

また行政手続で重複した添付書類が求められるなど煩雑不便であること、利用できるサービスを知らないために受給機会を逃してしまうことをあげています。しかしこれらは制度の運用の問題であり、番号制度があれば解決するわけではありません。住基ネットがあっても電子申請は煩雑不便で普及しませんでした。基礎年金番号があっても年金の支給漏れが起きました。

その一方で行政側にとっての課題を、「正確な本人特定ができず、したがって、真に手を差し伸べるべき者に対するセーフティネットの提供が万全ではなく、不正行為の防止や監視が必ずしも行き届かない状況にある」（三頁）と述べています。はたして困窮している人へのセーフティネットの提供が不十分である原因は「正確な本人特定」ができないからでしょうか。本人特定ができた人に対しては提供されているのでしょうか。この文の真意は、「真に手を差し伸べるべき者」としてサービス提供されている人達の偽りの申告など不正行為を防止するための監視が、正確な本人特定ができないから不十分、ということではないでしょうか。

番号制度について政府は、盛んに「真に手を差し伸べるべき者」を見つけることが可能になり社会保障給付の充実ができると宣伝してきました。しかし「真に手を差し伸べるべき者」にとっては、共通番号制度ができれば過酷な運命が待っています。まず住民登録がなかったり住民登録とは異なるところで生活せざるをない人は、見つけてもらえなくなりサービスをますます受けにくくなります。「番号制度は、国民が国や地方公共団体等のサービスを利用するための必要不可欠な手段」（六頁）であり、それは住民登録＝住基ネットを基盤としているからです。住民登録のある人も根こそぎ個人情報を調べ上げられて「真に」手を差し伸べるべき者か否かを厳しく査定されることになります。そうやってサービスを受けられても、常に不正行為を行っているのではないかと疑って監視するのが共通番号制度です。不正行為は肯定できませんが、だからといって、サービス受給者を不正予備軍とみなして監視するような社会保障が、基本的人権を保障するものと言えるでしょうか。

その上で「大綱」は、個人を「タテ」につなげて生涯追跡し、「ヨコ」につなげて分野を超えて個人情報を結合する共通番号制度がないために、様々な課題が生じていると言います。

たとえば「より正確な所得・資産の把握」に基づく所得比例年金や税額控除のできない低所得者層に給付を行う給付付き税額控除等の導入が難しいといいます。しかし共通番号制度で正確な所得・資産が把握できるのかということとともに、そもそも所得比例年金が年金制度として望ましいのか、給付付き税額控除が格差是正や貧困対策として良いのか、ということはなんら国民的な合意になっているわけでもなく、政府自身もその制度設計を示しているわけではありません。にもかかわらず、その手段である番号制度だけが具体化していくのは本末転倒です。

また年金記録の管理など長期間にわたって個人を特定する必要がある制度の適正な運用が難しい、と言います。しかし年金には基礎年金番号があり、しかも常に住基ネットから情報提供を受けてデータを整合させていくシステムがすでにできています。これで適正な管理ができないのであれば、共通番号制度ができても管理はできません。

医療では医療保険の相互の連携が非効率で過誤調整事務等が発生しているとしていますが、この問題を解決するために「分野を超えてヨコにつなげる」必要があるのでしょうか。医療分野に限定した連携システムの方が効率的ではないでしょうか。あらゆる個人情報をデータマッチングする巨大な共通番号システムはかえって非効率ではないでしょか。「大綱」自身が、医療・介護分野での情報連携には特段の法整備と技術設計が必要と述べて（四三頁）、巨大システムの非効率をなかば認めています。

このように社会保障制度の検討抜きに短絡的に番号制度の必要性を述べたあとで、導入の理念として、従来、番号制度は、ともすれば高額所得者に対する所得の捕捉といった観点から議論されることが多かったが、今回導入する番号制度は、主として給付のための「番号」として制度設計する（五頁）としています。裏を返せば、高額所得者から税を徴収して再分配する格差是正を主眼とした番号制度ではない、ということです。

「大綱」は、番号制度によって実現すべき社会として、「より公平・公正な社会」「社会保障がきめ細やかかつ的確に行われる社会」「行政に過誤や無駄のない社会」「国民にとって利便性の高い社会」「国民の権利を守り、国民が自己情報をコントロールできる社会」と、耳障りの良いことを述べています。しかしその意図するものを補足すれば、「より（負担した者が受益する）公平・公正な社会」「社会保障（の抑制・削減）がきめ細やかかつ的確に行われる社会」「行政に（「真に必要」というギリギリのラインを超えた給付をするという）過誤や無駄のない社会」「（利便性を享受できる条件にある）国民にとって利便性の高い社会」であり、「国民が自己情報をコントロール〈される〉社会」です。

2　民主党政権下で次々と出されてきた目的

このように「大綱」をみても、共通番号制度の導入理由はいろいろ述べられていますが、矛盾と飛躍が多く、結局のところ目的はよくわかりません。

番号制度の検討過程で主に述べられてきたのは、社会保障の負担や給付の公平性を実感してもらうために、負担や給付の基準となる所得等の情報を把握し、社会保障制度や税制において国民一人一人の所得・自己負担等の状況に応じたよりきめ細やかな制度設計を行い、適切な所得の再分配を行うということです。しかし本音は、社会保障給付を抑制・削減するために、負担と給付を個人単位に把握し（社会保障個人会計）、給付を限定したり給付対象者を選別していくところにあり、それを曖昧にするために矛盾と飛躍が生まれているのではないでしょうか。

これとは別に、年金記録問題から番号制度が必要という議論もされてきました。社会保障・税に関わる番号制度に関する検討会が「中間取りまとめ」を公表した二〇一〇年六月二九日、新年金制度に関する検討会も「新たな年金制度の基本的考え方について（中間まとめ）」を公表しました。そこでは、国民年金が非正規労働者に対応できていないことや深刻な未納・未加入問題を指摘し、新たな年金制度の構築には社会保障と税に関わる番号制度の導入が不可欠としていますが、しかしこれらの課題解決のために番号制度がなぜ必要なのかは、一切書かれておらず、ただ不可欠と述べているだけです。

最近強調されているのは、財政再建のための消費税増税に伴う逆進性の緩和対策として「給付付き税額控除」を導入する際に必要な所得把握のために番号制度を、ということです。しかしそもそも消費税増税の是非が問われています。またとくに逆進性対策の対象となるであろう所得税が非課税限度額以下で確定申告をおこなっていない人の把握は、いま予定されている共通番号制度ではできません（『Q&A共通番号ここが問題』黒田充、自治体研究社、二〇一一年一〇月、一一四頁〜参照）。さらに逆進性対策としても、生活必需品などへの軽減税率や社会保障給付による還元など他の対策もあり、「給付付き税額控除」が決まっているわけではありません。この理由も、前提条件を抜きにした短絡的な導入理由です。

民主党政権下で、もう一つ番号制度導入の理由として述べられてきたのは、「大綱」では触れられていない「新成長戦略」の一環としての共通番号制度です。二〇一〇年六月一八日に閣議決定された「新成長戦略」では、六つの戦略分野の一つとして科学・技術立国戦略をおき、情報通信技術の利活用による国民生活向上・国際競争力強化として、「行政の効率化を図るため、各種の行政手続の電子化・ワンストップ化を進めるとともに、住民票コードとの連携による各種番号の整備・利用に向けた検討を加速する」と述べていました。

「新成長戦略」ではさらに《二一世紀日本の復活に向けた二一の国家戦略プロジェクト》の一つとして、「一六．情報通信技術の利活用の促進」で、国民や企業のコスト軽減と医療・介護・教育などの生産性向上のために、社会保障や税の番号制度の検討と整合性を図りつつ国民ＩＤ制度の導入を検討する、と説明していますが、本当にコスト軽減されるか、生産性が向上するかは疑問です。むしろ巨額の費用のかかるシステムづくりをＩＴ投資として期待したり、個人情報を民間の営利活動に積極的に開放してそのことで利潤を得ようというのが、「成長戦略」としての狙いではないでしょうか。

情報通信技術は利便性ももたらしますが、そのために共通番号制度が有効・必要かは別の問題です。電子行政による効率化を宣伝文句にはじまった住基ネットを使った電子申請は惨憺たる利用状況で、非効率と無駄を指摘されて次々と利用中止に追い込まれました。民主党政権下の二〇一〇年五月一一日にＩＴ戦略本部（高度情報通信ネットワーク社会推進戦略本部）が策定した「新たな情報通信技術戦略」も、これまでの関連政策が効果を上げていない原因を徹底的に追求しなければならないと、この現状を認めて、「情報通信技術投資の総括とそれを教訓とした行政刷新」「行政サービスのオンライン利用については、費用対効果等を検討し、対象サービスの範囲等に係る基準を整理した上で、業務プロセスを徹底的に見直す」としています。

何のためにどのような制度にするかの検討が不十分なまま進められる共通番号制度は、「これまでの情報通信技術投資の教訓」をどう総括しているのでしょうか。導入ありきの番号制度では、無駄なＩＴ公共事業になるだけです。

3　国民総背番号制への野望

政府の番号制度リレーシンポジウムで与謝野社会保障・税一体改革担当大臣（当時）が「長い間、幾つもの政権が番号制度の必要性を自覚しており、過去に別の名称で導入に向けての整備を試みたが、政治的理由及び国民の情報保護の観点から実現できなかった」と述べたように、政府はたびたび国民総背番号制を導入しようとしてきましたが、プライバシー侵害と国家による管理への不安から強い反対運動を受け挫折してきました。

国民総背番号制ということがはじめて大きな社会的関心を集めたのは、一九七〇年代に問題になった「事務処理用各省庁統一個人コード」です。行政管理庁（当時）を中心に各省庁統一コード研究連絡会議が設置され、一九七〇年二月に「事務処理用統一個人コード設定の推進」が決められました。これは国の行政機関で扱う個人情報に統一した個人コードを付番し、個人情報を省庁の壁を超えて共有しようとする計画で、現在の国民ＩＤ構想と同様です。

この一九七〇年には、統一個人コードを推進していた中山太郎自民党参議院議員（当時）が「一億総背番号」という本を日本生産性本部から出版しています。今では「国民総背番号制」という言葉は、悪の代名詞のようになっていますが、当時中山議員はこの言葉でバラ色の未来社会を描いていました。

この「事務処理用各省庁統一個人コード」は一九七一年に全国民に個人コードを付け、一九七五年実施の予定でしたが、「国民総背番号制に反対し、プライバシーを守る中央会議」が結成されて反対運動が盛り上がり、この計画は頓挫しました。

この一九七〇年代には、市区町村での住民情報のコンピュータ化も大きな問題になりました。一九六七年に住民基本台帳法が制定され、各市区町村が独自に付番した住民番号のもとに国民健康保険、年金、税務などの住民情報の統合化がはじまり、そのコンピュータ化が国民総背番号制につながるのではないかという住民の不安をかき立てました。

東京では電算化計画を決定した区で次々と反対運動が起き、一九七八年には杉並区で住民基本台帳電算化そのものを禁止する条例制定の直接請求運動が大きく盛り上がりました。この住民の反対に対して、一九七六年には世田谷区で区のコンピュータの外部結合を全面禁止する電算条例が制定され、国民総背番号制につながる外部結合はしない、という条例制定をしながら住基電算化をする市区町村が続き、一九九五年には八四五団体でオンライン結合の禁止・制限が規定されていました。

一九八〇年代に問題になったのは「少額貯蓄等利用者カード制度」という納税者番号です。これは「グリーン・カード制」と呼ばれ、個人が銀行・郵便局に口座を開設するときに提示し、国税庁はカード番号をつかって名寄せをして個人資産を把握できるようにするものでした。一九八〇年に所得税法改正で導入が決まりましたが、プライバシー侵害の批判と預貯金の流出を招いたために、その後政府内でも反対する動きが広がり、一九八三年に実施が延期され、一九八五年には導入法が廃止されました。その後も納税者番号制の検討は続きましたが、このグリーンカード制廃止のトラウマから導入に至りませんでした。

一九九〇年代に問題になったのは、基礎年金番号です。年金事務では一九八四年からコンピュータ・オンライン処理がはじまりましたが、国民年金と厚生年金の記録が別々に管理され年金手帳も複数発行されていたために、生涯を通じた年金記録の管理に支障がありました。そこで一九九七年に基礎年金番号が導入されて、年金記録の統合が進められました。この一人一番号の基礎年金番号がアメリカの社会保障番号のように様々な事務に共通番号として使われていくことが危惧されましたが、年金事務に利用を限定されることになりました。

二〇〇〇年代に問題になったのが、住基ネットです。自治省（当時）は市町村の住基電算化が進んできたのを見計らって、一九九四年に「住民記録システムのネットワークの構築等に関する研究会」を設置し、住民記録の全国オンラインの検討を始めました。一九九五年に出された「中間報告」は、生涯不変の一人一番号を付番し、番号を記録したIDカードの所持を義務づけ、官民で広く番号を使う構想でした。しかしマスコミ等からも強い批判を受けて、一九九六年三月の「報告書」では、番号の変更申請を一定の要件があれば認め、カードは希望者のみの交付となり、利用できる行政機関は法律で厳密に規定することに変更されました。

一九九八年三月に国会提出された住基ネットを導入する住民基本台帳法改正は、盗聴法や周辺事態法、国旗・国歌法などが成立した一九九九年八月の第一四五国会で強行採決されました。しかし二〇〇二年八月の稼働前から実施の中止・延期を求める声が広がり、八月に住民票コードが通知されたのを機に反対運動が燎原の火のように全国に広がりました。自治体も住民の声を受けて、矢祭町、杉並区、国分寺市、中野区、国立市など住基ネットへの送信を停止し、横浜市では市民の選択により住基ネット参加時期をずらすという「横浜方式」を採用しました。

稼働後も反対運動が続くとともに、国民総背番号制ではないかという批判をかわすために利用を制限したことや、住民サービスの向上に役立たなかったために利用が低迷しました。全国各地で住基ネットの差し止めや住民票コードの削除、国等への情報提供の中止を求める訴訟や利用中止請求が続きました。長野県では住基ネットのセキュリティを検証する実証実験も行われました。マイナスイメージの定着した住基ネットの利用拡大にこだわっていては電子政府推進が停滞するとの危機感が政府内にひろがり、二〇〇〇年代後半から住基ネットに代わる国民総背番号づくりの検討が始まりました。それが社会保障番号構想です。

行政改革の「司令塔」とされた経済財政諮問会議で財界や大学教授の民間委員から導入が提唱され、「骨太の方針二〇〇六（経済財政運営と構造改革に関する基本方針）」で「社会保障番号の導入など社会保障給付の重複調整という視点からの改革などについても検討を行う。また、社会保障個人会計（仮称）について、個々人に対する給付と負担についての情報提供を通じ、制度を国民にとって分かりやすいものとする観点から、検討を行う」と明記されました。

「国民総背番号制」ではないかとの懸念や導入コストの問題で停滞していましたが、年金記録問題が顕在化した二〇〇七年六月一四日の参院厚生労働委員会で安倍元首相が社会保障番号の導入を「早急に検討していかなければならない課題」と表明してから、具体化にむけ動きだしました。

その後七月五日の政府・与党合意「年金記録に対する信頼の回復と新たな年金記録管理体制の確立について」で「社会保障カード」の導入に名称をかえつつ、「社会保障カード（仮称）の在り方に関する検討会」を設置して検討してきました。しかし関係団体のヒアリングで医療や介護の現場から現実的なメリットや効率性に疑問が噴出するとともに、住基ネットの経験から国民の理解が得られないことへの不安が数多く出されたために仕組みの検討に時間を要し、実証実験をするところまできましたが、民主党政権になって二〇〇九年一一月の事業仕分けで導入予算計上が見送られるに至りました（社会保障カードについては、『社会保障番号／カード構想とは？――『社会保障カード（仮称）の基本的な計画に関する報告書』を検証する』（やぶれっ！住基ネット市民行動、二〇〇九年七月発行。http://www 五 f.biglobe.ne.jp/~yabure/shaho-bango/card-koso/pamphlet-ver01.pdf

参照)。

このように政府は四〇年以上にわたって、その時々に注目された理由を口実にしながら国民総背番号制導入を試みてきましたが、国民の強い反対を受けて導入に至りませんでした。今回の共通番号制度も、結局は国民総背番号制度の導入そのものが目的であり、そのために「社会保障の充実」「国民の権利を守る」「所得の把握による公平性」「災害時の活用」など耳障りの良い理由をとってつけているだけではないでしょうか。「大綱」での短絡的で矛盾した導入理由をみると、そう断ぜざるをえません。今回の番号制度の検討の出発点となった二〇一〇年六月二九日の「中間取りまとめ」が、番号制度の目的も導入理由も述べずに仕組みの選択肢だけを提示していたのは、象徴的です。

4　住基ネットの失敗から共通番号制へ

1　電子政府推進派に見放された住基ネット

共通番号制度は、住基ネットを土台にしてつくられようとしています。住基ネットは電子政府の不可欠の基盤だとのうたい文句で、二〇〇二年に始まりました。当初から、プライバシー侵害や国家による管理強化などに対して強い反対の声があがるとともに、自治体からも使えないシステムでメリットに乏しい、との批判が出されていました。

これに対して政府や住基ネットを推進する側は、住基ネット利用の拡大や住基カード交付の無料化などでなんとか利用を普及させようとしてきました。

しかし二〇〇八年頃から住基ネットを推進してきた側からも、公然と住基ネットの利用拡大に見切りをつけて新たな番号制度を求める声が出てきました。

たとえば日本のＩＴ化をリードしてきた坂村健東京大学教授は、産経新聞の「正論」で「住基」超える「国民」カードを次のように提唱しています（ＭＳＮ産経ニュース二〇〇九年三月一八日）。

「……情報化の目的も結局のところ端的にいってコストセンターからの人員削減なのだ。その目標を見極めないと、大金をはたいて情報化しても何もメリットがない、ということになる。……日本にとっての最大のコストセンターは国、地方自治体を合わせた巨大な行政機構である。借金財政が高進する中で、その効率化は待ったなしだが、そこで思い浮かぶのは『住民基本台帳番号（住基カード）』の制度である。……

日本の住基カードの制度に反対した人たちの意図はいろいろだっただろう。だが、結局、住基カードについても法律でがんじがらめに利用目的を制限したがために結局、メリットが少なく、利用者は増えていない。その揚げ句、電子政府を目指すシステム構築にかけた予算も、毎年数百億といわれるメンテナンスコストも『壮大な無駄』といわれるようになってしまった。……

一番合理的なのは、住基カードに関する規制を見直し、米国の社会保障番号のような多様な利用を可能にすることだ。そして住基カードを利用して効率的なワンストップサービスができるようにする。それによって国も自治体も超えた行政システムを再構築する。それが理想だと思う。

とはいっても、一度ケチがついて現行法律で縛られてしまった住基カードの多機能化を、いまさら復活するのは至難の業だろう。プライバシー的な問題だけを言うなら、住基カードを計画したころより情報技術も進歩しインターネットも普及した。

この機会に、それに対応した最新のネットワーク対応ICカードの採用を提案したい。

『住民基本台帳カード』というのも、いかにも行政側の管理のにおいがする『上から目線』を思わせるので、名称もこの機会に『国民サービスカード』と変える。……」

2　住基ネットは行政電子化のボトルネック

このような論調を代表するのが、二〇〇九年一月に出版された『国民ＩＤ―導入に向けた取り組み』（ＮＴＴ出版）です。書名のように国民ＩＤ導入に向けた諸外国の調査報告をとおして「ポスト住基システム」を提言する本ですが、冒頭、編者である原田泉国際社会経済研究所主席研究員は住基ネットについて厳しい批判を述べています。

「地域情報化、地方自治体の電子政府化を促進する場合、大きなボトルネックとなっているものが『住民基本台帳ネットワークシステム』（以下、住基ネット）問題である。行政サービスを受ける場合の本人確認の手段としての住基カードの普及が極めて低位であることは、サービス自体の普及を阻む大きな要因といえる。国民の理解と支持が不十分なまま、導入された結果、住基カードは発行開始以来四年半たった現在でもその普及率が一・五％にしか過ぎない。当初ボタンのかけ

違いのような状況があったものの、こうした結果は、重く受け止める必要がある」（二頁）

「一方、住基ネット自身にも問題はあった。

免許証などの写真付公的証明書を持っていない人でも住基カードによって全国どこでも住民票を取得できるとされるが、遠隔地から住民票を取得できることには、ほとんどの国民がさほどのメリットを感じられず、住民票の写しの取得も必ずしも煩雑に利用されるようなサービスとはいえない。このようなサービスのために膨大なコストをかけてシステムを構築するメリットがあるかという疑問が存在する。

また、東京にあるサーバーにデータを集め、それを全国に送信できる体制にするという形をとっているが、これは国家による個人情報の一元的管理であって、戦前の日本やジョージ・オーウェルの小説『一九八四』における全体主義の世界を連想させる。

これに加えて、住基システムは、ネットワークセキュリティの面からもベストのシステムとは言いがたい。身分証明書としても、住基カードは市町村単位の発行であるため、転居時などに転出元への返還・転入先での新規取得は必要となり、住民異動の多い人にとっては、パスポートや運転免許証と違い、半永久的に全国で通用するわけではないためメリットが少ない」（三〜四頁）

これらは導入前から、私たち住基ネットに反対してきた側だけでなく、自治体の現場からも指摘されてきた問題ですが、それに耳を貸さないまま政府は導入を強行し、その結果、「電子政府・電子自治体の基礎」と宣伝された住基ネットは、「行政電子化のボトルネック」と評されるに至りました。

この本をはじめ国民ＩＤの推進派は、これらの批判に対する政府の説明が不十分で国民の理解が得られなかったこと、プライバシー保護のために利用を制約したことで利便性が損なわれたことなどが、住基ネットの失敗の原因と見て、これらの制約を外して共通番号制度に作り替えようとしているようです。しかし利用を制約しなければ、国民総背番号制との批判を受けた住基ネットを導入することはできませんでした。

住基ネットが失敗したのは、住民のニーズにあったサービスを提供できなかったことと、プライバシー侵害・管理強化に対する不安を真摯に受け止めて解決することができなかったからです。そしてその原因は、本音は国民管理のための国民総背番号制を導入しようとしているのに、それをごまかすためにいろいろな理由をつけながら、強引に導入を図ったことにあるのではないでしょうか。

「歴史は繰り返す、ただし一度目は悲劇として、二度目は喜劇として」という言葉があります。しかし使い道のなかった住基ネットの失敗は「喜劇」で済んでも、社会保障にかかわる共通番号制度が失敗すれば「悲劇」が起こります。そうならないために、住基ネットがなぜ失敗したのかを検証することは重要です。

3　住民サービスはすべて破綻

二〇〇二年八月に住基ネットが稼働してから一〇年になります。自治省（現総務省）が「住基ネットにより便利になる」と説明していたのは、次の四点です（『私を番号で呼ばないで』やぶれっ！住民基本台帳ネットワーク市民行動編、社会評論社、二〇〇二年七月　四〇頁〜）。

(1) 全国どこの市区町村でも住民票の写しの交付が受けられる。
(2) 引っ越しの際に窓口に行くのが転入時の一回だけですむ。
(3) 国の行政機関等での手続きの際に住民票の写しの提示が不要になる。
(4) 住民基本台帳カードを利用した各種サービス。

その後、公的個人認証サービスを利用した電子申請が加わりましたが、目的とされた住民サービスの向上と行政の効率化は実現していません。結局、住基ネットに残ったものは、市町村が住民に背番号をつけて国に提供することだけでした。そしてそれを利用して、いま共通番号制がはじまろうとしています。

(一)　提供先は年金ばかりで広がらず

二〇〇二年八月の第一次稼働で、一一桁の背番号＝住民票コードが全国民に付番され通知されました。そして市区町村の住民基本台帳から本人確認情報（住所・氏名・性別・生年月日・住民票コード・異動情報の六情報）が、都道府県を経由して指定情報処理機関（地方自治情報センター住基ネット全国センター）に送信開始されました。

この本人確認情報は、「別表第一の上欄に掲げる国の機関又は法人から同表の下欄に掲げる事務の処理に関し、住民の居住関係の確認のための求めがあったときに限り」（住基法第三十条の七三）提供できるとされているものです。

全国センターから国等の機関に本人確認情報を提供することで、申請等の際に住民票写しの添付が省略できると宣伝され、住基法別表で利用が認められた事務が当初は九三事務でしたが、二〇〇二年一二月の法改正で二六四事務に拡大しその後も増えています。しかし実際に国等の機関で利用されているのは三九事務（二〇一一年八月二九日、地方自治情報センター公告）にすぎず、実際の利用は広がっていません。しかも国等への提供件数の九九％は年金関係事務（国民・厚生年金、共済年金、恩給）に偏っており、年金関係以外では年間数十～数百件程度の利用事務も少なくありません。

年金の現況確認の届出の省略や「消えた年金記録」問題対策での住基ネット利用を総務省は強調していますが、ほとんど年金関係での利用であれば、住基ネットの運営費を年金事務費から負担すべきではないでしょうか。

なぜ利用しない事務が法別表に入っているのか。住基ネット稼働前、朝日新聞は利用事務の調査をしています（朝日新聞二〇〇二年八月一日）。それによれば、たとえば雇用保険事務ではハローワークなど全国約六〇〇カ所の窓口に住基ネットの専用端末を置かねばならないが、「受給申請の本人確認は免許などで十分。費用対効果を考えるとメリットが少ない」と担当者は答えています。またたとえば今まで認定を受けた人がゼロの「地域伝統芸能等通訳案内業」や、個人での申請が数年間一件もない「国際観光ホテル整備法」に基づく登録、その他利用件数の少なく専用端末を置くメリットのない事務が、利用事務に含まれています。

私たちも二六四事務に拡大した後の二〇〇三年五月に、利用対象機関へのアンケート調査を行いました。回答数は多くありませんでしたが、その中でも二〇〇二年一二月の法改正で追加されたばかりの事務でありながら、「利用事務そのものが廃止予定」という事務や「利用のメドはたっておらず費用対効果を中心に検討予定」という事務がありました。

実際に利用して提供先機関の事務が効率的になったかについても、旅券事務の本人確認で住基ネット端末を使用している東京都の旅券課の担当者は、「従来は添付された住民票ですぐ確認できたものが、いちいち奥に設置する端末機を操作し確認しなければならなくなり非効率になった」と述べています（二〇〇五年七月三一日に放送されたＮＨＫＢＳ１「ＢＳディベート」）。

㈡　使われない「住民票広域交付」「転入転出簡素化」

二〇〇三年八月の第二次稼働では、住民サービス向上の目玉として「住民票写しの広域交付」「転入転出手続の簡素化」と住基カードの交付がはじまりました。「住民票写しの広域交付」は、住民票の写しを全国どの市区町村でもとれるようにするというものです。転入転出手続きの「簡素化」は、付記転出届を転出元の市町村に提出すれば、転出証明書がなくても引っ越し先の市町村で住基カードとともに転入届をでき、市町村の窓口に行くのは転入時の一回だけになるとのうたい文句でした。しかしどちらも現実にはほとんど利便性がなく、利用されませんでした。

本人確認情報等保護審議会で資料が公開されている横浜市（人口約三六三万人）を例にみてみる

と、平成一五年から二三年八月までの合計で住民票広域交付が八三〇六件で、年平均一〇三八件にすぎません。八年間の延件数でも市民のうち利用したのは〇・二％です。付記転出届を使った転入転出利用は転出が五八五件七四一人、転入が三七八件四七五人で、合せても年一二〇件にすぎません。転出入者は年一五万人程度なので、それぞれ〇・五％、〇・三％程度の利用です。横浜市のような大都市は異動も多く利用率は高いはずですが、それでもこの程度の利用状況です。

これらはもともと自治体の実務担当者からも利便性に疑問が出されていましたが、予想どおり利用は広がりませんでした。

㈢　普及しない住基カード

住基カードも普及しませんでした。政府は住基カードの交付がはじまった二〇〇三年度の交付予定枚数を七カ月で約三〇〇万枚と見込んでいましたが、実際は一割以下の二五万枚でした。二〇〇三年からの三年間で一三〇〇万枚を予定し電子証明書の発行数も〇四～〇六年度で計一〇〇〇万枚と試算していました（毎日新聞二〇〇四年一月二九日）。しかしまったく普及が進まず、政府は二〇〇八～二〇一〇年度の三年間、もともと一枚一〇〇〇円だった国からの補助（特別交付税）をさらに五〇〇円上乗せする措置をとり市町村が無料交付できるようにしましたが、一〇年たっても累計交付枚数は約六二一万枚（二〇一一年一二月三一日現在）にとどまっています。

今回の共通番号制法案提案後の二〇一二年二月一六日の衆議院予算委員会で、自民党の平井議員が閣僚に住基カードを持っているか質問したところ、共通番号制度の担当大臣である古川元久国家戦略担当相や岡田克也副総裁、枝野幸男経済産業相、松原仁拉致問題担当相は持っておらず、共通番号制の災害時利用を宣伝しながら東日本大震災で実家が被災した安住淳財務相は「未確認」と答弁しているようなありさまです。原口元総務大臣も、二〇一〇年二月二五日の衆院予算委員会で所持していないと答弁していました。

住基カードの市町村独自利用も低迷しています。市町村は条例をつくれば住基カードの独自利用ができ、地方自治情報センターはソフトを開発して提供するなど普及をはかってきましたが、独自利用をしているのは一八二市区町村（二〇一一年四月一日現在）で、全国市町村の一割です。独自利用している市町村も、大部分は証明書の自動交付機に住基カードも使えるようにしたという程度です。地域通貨での利用など大きく宣伝されたものもありましたが、住基カードの低迷によって次々と利用中止になっています。

最近、総務省は本来のＩＣカードとしての利用ではなくもっぱら写真付身分証明書として、とくに運転免許証を自主返納する高齢ドライバーに代わりの身分証明書として普及を図ろうとしています。しかしもともと住基法で規定されている住基カードの使い途は、住民票の写しの広域交付を請求する際の本人確認（第一二条の二）、転入転出届出の特例手続き（第二四条の二）、市町村が条例で定める事務（第三〇条の四四）の三つだけで、身分証明書としての利用に法的根拠はありません。現に一部の携帯電話会社等は、不正取得の多発する住基カードを本人確認書類として認めていません。何を本人確認書類とするかは利用側の自由ですが、総務省は敬老パスの本人確認書類に住基カードが認められていないのは問題だとして、利用促進を求める通知を二〇〇七年四月二〇日に都道府県に送りつけています（「やぶれっ！住基ネット情報ファイル」参照）。

㈣　低迷する電子申請と公的個人認証

二〇〇四年一月から公的個人認証サービスが始まりました。市町村窓口で手続きをして「電子証明書」の交付を受けることで、パソコンとインターネットを通じて行政機関に対する手続きができるようにするもので、行政電子化の基盤と宣伝されていました。住基ネットから四情報の提供を受けて都道府県が証明書発行と失効情報管理を行うとともに、電子証明書を記録するICカードは現在のところ住基カードだけを認めるなど、住基ネットと一体で作られたシステムです。

これも有効期間三年の電子証明書の累計交付件数が二〇一一年三月末で約一八四万件にとどまっています。そのため公的個人認証を使った電子申請の利用率は低迷し、軒並み見直しを強いられています。

毎日新聞が二〇〇七年三月二九日報じた調査結果では、主な官庁で〇五年度の利用が五〇件を下回ったシステムがあるのは外務省（五件）、文部科学省（一二件）、環境省（二二件）、財務省（二四件）、内閣府（二八件）。運用費を年間の利用件数で割った申請一件当たりのコストは、外務省の約一五二〇万円が最高で、文科省約一〇一七万円、環境省約六二九万円、財務省約三〇〇万円、内閣府約七三万円というムダ使いでした。

その結果、二〇〇六年九月には外務省の旅券発給管理システムが利用を中止し、二〇〇八年一二月には文部科学省と防衛省が電子申請システムを停止し、自治体でも利用中止や見直しが進んでいますが、二〇〇九年一一月八日の朝日新聞によれば全体の二割が利用率一％未満で、事業仕分けの対象になりました。

利用されているといわれる電子申請により確定申告等を行う「e-Tax（国税電子申告・納税システム）」は、一回限り五〇〇〇円以内の特別控除が受けられる時限措置や税理士による代理送信を認めるなど普及が図られ、利用者は増えています。しかし住基カードと電子証明書の交付を受けたうえに数千円するカードリーダーの購入やソフトのインストールが必要で、画面操作には慣れも必要です。二〇〇八年には税務署員が本人不在で入力・送信して利用件数を水増ししていたことも発覚しました。二〇〇八年七月一〇日の朝日新聞によれば、一〇税務署で個人事業者らの納税者団体「青色申告会」会員が同会に提出した申告書の控えなどを基に、署員らが残業したり操作研修として約一四〇〇件を入力・送信したとのことですが、もともと普及のために二〇〇八年から税務署に来た納税者に署内のパソコンを使ってe-Tax利用に誘導する「初回来署型電子申告」を導入し、それも利用件数に含めるという「水増し」を認めているそうです。

㈤ 利用に見合わないコスト

住基ネットに要した経費は明確ではありません。政府は住基ネット導入経費を約三九〇億円と説明し、総務省の住基ネットのホームページには、運用経費年間約一四〇億円、住基ネット活用による削減効果が約四〇〇億円と掲載していました。ところが二〇一〇年一〇月の事業仕分けの際に削減効果は約一六〇億円とする試算を仕分人に示していながらホームページは変更していなかったことが、二〇一一年三月八日の朝日新聞や共同通信で報じられました。

この約四〇〇億円の削減効果の内訳は、郵送切手代の削減約七〇億円（住民約三〇億円、行政約四〇億円）、事務の効率化や移動時間の削減で約三六〇億円（住民約二八〇億円、行政約八〇億円）と説明されていました（計四三〇億円？）。新聞報道後、今度は削減効果を約五一〇億円、年間経費を約一三〇億円とホームページに掲載しています。移動時間というのは従来住民がポストに現況届を投函にいく時間を三〇分、住民票写しを役所に取りにいく時間を七〇分などと算定し一時間一五〇〇円として計算したものだそうですが、机上の空論です。

年間運営経費の根拠も、地方自治情報センターが毎年示している市町村人口段階別概算経費試算では、機器のリース代、保守料、消耗品費や住民票コード通知等事務費を試算していますが、各自治体が人件費など支出しているコストを含めると、実際はこれをはるかに上回ると思われます。二〇〇三年八月五日に行われた長野県と総務省の公開討論会の長野県資料では、構築費等について長野県は二二億円、全国では八〇五億円、年間維持費が長野県五億円、全国一九〇億円としています。

市町村にとっても、住基ネットはお荷物でした。市町村の経費削減に役立ったのは、わずかに住民の転入・転出の際に、転入市町村から転出元市町村に対して郵送していた「転入通知」を住基ネット回線で送信できるようになった郵送費の軽減だけです。その一方で、住基ネット運用にかかる経費負担は重く、とくに小規模自治体で住民異動の少ない自治体では負担ばかりを押しつけられた状態です。反住基ネット連絡会が行った「住基ネット自治体経費追求キャンペーン」によれば、人口二八二五人の東京都檜原村では、住民一人あたり住基ネットコストが二二三九円、転入通知一件あたり三万二七七四円というコストがかかっています（http://www.juki85.org/CostCampaign/）。

第四章　「大綱」後の番号制度導入に向けた動き

1　パブリック・コメントで指摘された問題点

「大綱」に対して二〇一一（平成二三）年七月七日から八月六日まで意見募集が行われ、個人八六件、団体六七件の意見が寄せられました。個人からは批判的な意見が、団体からは肯定的な意見が比較的多くありました。

内閣官房がまとめた結果では、問題点として、

・番号制度の導入については、真の導入目的が国民に隠されている、拙速、過去の問題をふまえた議論が不十分、費用対効果や必要な情報が示されていない、など。

・利用範囲については、分野別の番号にすべき、災害時の利用の有用性への疑問、民間や医療分野への利用拡大への不安、「総合合算制度」が弱者切り捨てに使われる恐れ、など。

・付番については、住民登録がないなどセーフティネットにかからない人への対応や番号の変更を可能とすべきなど。

・本人同意について、本人同意の仕組みの必要、本人同意を前提とした民間利用の容認は権利利益の保護にならない、同意が半強制になるおそれ、など。

・費用対効果について、費用が巨額で導入に合理性がない、費用対効果のデータを示すべき、費用を民間企業の負担に押しつけるな、など。

・個人情報保護については、情報の一元管理への反対、成りすまし犯罪の懸念、など。

・情報連携については、医療、介護分野の情報連携の不安、データマッチングに使う番号制度は最高裁判決をクリアしない、初期突合がうまくいかなかった記録の扱い、
・マイ・ポータルについては、情報格差についての懸念、必要ないなど。
・ＩＣカードについては、国内パスポートのようになる懸念、発行コスト、自身で管理できない高齢者が危惧、膨大な交付事務処理など。
・第三者機関については、独立性、犯則調査や犯罪捜査に関しても第三者機関の権限を及ぼすべき、監視が行き届くかへの疑問など。
・今後の進め方について、導入の十分な準備期間や透明性の確保、さらなる国民的議論や国民に対する周知・広報が必要。

などが指摘されています。

2　民主党内から修正の動き

パブリック・コメントや政府の番号制度リレーシンポジウムなどで批判が多く出され、民主党内からも修正の動きが出てきました。八月の民主党社会保障・税番号検討小委員会の中間とりまとめでは「大綱」に対して、社会保障充実、公平性確保や行政効率化といった本質論が目に見える形で示されていないこと、番号制度の所管について民主党は将来的な歳入庁設置を念頭に当面は国税庁としていたものが、大綱では総務省の所管とされていること、番号の利用範囲について

「税務分野、社会保障の現金給付での利用」という民主党の方針に対し、大綱は現物サービスにまで踏み込んでいることなどに異論を示しています。さらに大綱の発表後に所管官庁、情報連携基盤の運営機関、符号連携、付番機関、基本四情報の同期化、マイ・ポータル、ICカード、第三者機関などについて様々な論点が提起され始めていることを指摘しています。

また民主党に対して政府は番号制度の試算を提示しています（MSN産経ニュース二〇一一年一〇月一六日）。それによれば導入費用の内訳は、

・国税庁や日本年金機構など情報保有機関のシステム整備三二〇〇億円。
・各個人情報を一元化する組織の設立七〇〇億円。
・ICカード導入八〇〇億円。
・マイ・ポータル開設三〇〇億円。
・第三者機関の設置一〇億円。

などで約五〇〇〇億円、その他システム運用に年三五〇億円となっています。

これを受けて導入費用や利便性への疑問から民主党の検討チームでは、番号ICカードやマイ・ポータルの実施先送りや、番号制度の所管を総務省への過度の権限集中を避けるために内閣府とすること、番号の発行は公益法人に外部委託せず「情報連携基盤」を運営する政府機関が行うことなどとする案をまとめています（MSN産経ニュース二〇一一年一一月六日）。番号ICカードやマイ・ポータルを見送ることで、導入費用一一〇〇億円の節約を検討していると報じられています。

しかしマイ・ポータルは「国民の権利を守り、国民が自己情報をコントロールできる社会」を実現するという番号制度の目的を達成するための仕組みでした。ICカードは番号制度を構成する三つの仕組みの一つである「本人確認」の手段でした。他人が成りすまして別人の「番号」を使わないようにするため、「番号」を使うためには必ず「番号」の提示のみをもって本人確認の手段とはせず、ICカードなど本人であることを証明するものの提示を求めることを義務としていました。

この二つを経費節減のために見送るのは、たとえてみれば車を安く売るためにブレーキとヘッドライトを取り外してしまうようなもので、そのような危険な車を売るべきではないように、そもそも共通番号制度の見送りを検討すべきでした。

これらの議論を経て一一月二二日の民主党社会保障と税の一体改革調査会「社会保障・税番号大綱に対する取りまとめ」では、導入にあたっては地方自治体との連携、歳入庁創設の検討、システム設計及び費用精査の必要性などを指摘しつつ、制度の所管については内閣府とすること、番号の変更請求には要件を設けること、第三者機関は三条委員会とすることなどを求めています。

とくに情報連携基盤については、符号連携の具体的な仕様が現段階において不明確で、「番号」を使ってデータマッチングが行われる懸念も指摘されていること、情報保有機関が保有する基本四情報の住基ネット基本四情報との同期化を情報保有機関が行うのは名寄せリスクを高めるため情報連携基盤が突合作業を行うこと、情報連携基盤の所管は番号および個人情報の一元管理を防ぎ権限分散を図る観点から内閣府を軸に検討することなど、システムの基本にかかわる指摘がされています。

マイ・ポータルについては、本人の同意に基づき開設されることを前提に、①セキュリティへの国民の懸念が厳然として存在する、②高齢者など、ＩＴ活用が難しい国民との間で利用格差が生じる恐れがある、③e-Tax、ねんきんネットの利用率は依然低いことなどの問題点を指摘。またＩＣカードについては、①現時点では、マイ・ポータルを利用しない限りメリットが少ない、②発行コストの低減化や費用対効果が十分に検討されていない、③利用者側にもリーダ／ライタ購入といったコスト負担を強いる恐れがある、④顔写真や基本情報が記載されているため紛失・盗難の被害が深刻となる懸念があるなどの問題を指摘。いずれも「懸念される論点の改善のための検討を引き続き慎重に行うべき」としています。

3　リレーシンポで相次ぐ批判

政府は国民の納得と理解を得るため二〇一一年五月二九日の東京開催を皮切りに、全国四七都道府県で番号制度に関するシンポジウムを行っています。いずれも政府の説明のあと、番号制度を推進してきた有識者が講演し、地方紙がコーディネーターとなったシンポジウムと会場からの質疑応答・意見交換を行っていますが、どの会場でも五名のパネリストは弁護士を除き推進派です。リレーシンポの途中であるにもかかわらず、番号法案は国会提出されました。

会場からの意見は、大部分が番号制度反対や批判的な意見です。番号制度の導入目的やコストが不明なこと、福祉の削減・抑制や差別に「悪用」されること、漏洩への不安などの意見が出されていますが、質疑によって制度が改善されてはいません。

それどころか初回の東京会場では、政府にとって不都合な応答だったのか、報告が改ざんされています。各会場の議事録は内閣官房のサイトに資料とともに掲載され、東京会場についてはインターネットでも放映されていますが、しばらくしてから東京会場だけ議事録とは別に「開催概要」という資料が追加掲載されています。当日は四人から質問が出されました。議事録にはその応答が掲載され、「開催概要」にその要約がされていますが、そのうち質問者4の2点の質問のうち、以下に引用した「番号制度は福祉抑制にも使えるのではないか」という質問と、政府側の「政権次第ではそうなる」という応答だけが「開催概要」からはきれいに抹消され、もう一点の「一点集約型の情報管理システムはむしろ災害発生時には脆弱になるのでは」という質疑だけが「開催概要」で紹介されています。(http://www.cas.go.jp/jp/seisaku/bangoseido/symposium/tokyo.html)

議事録四二～四五頁より

質問者4　真に必要な人に対する社会保障を確保するということで、例えば総合合算制度のような形で負担が過度にならないようにするとか、いろいろ提起されているのですけれども、この仕組みはそれとは逆な方向に使うこともできると思うのです。

つまり、ある特定の人が医療費だとか社会保障費を非常によく使っている。誰がよく使っているのか。その人は税金をどれだけ払っているのか。ある人は税金を払っているけれども、余り医療費とかを使っていない。ある人は税金を払っていないのに多くのお金を使っている。そういう人は利用を抑制してくださいというような使い方をされる心配もあるのではないか。

今それをやろうとしているかどうかというのは別ですけれども、こういうシステムというのは、一度できればそれを様々に使えるわけなので、やはりそういう意味でのメリット、デメリットが余り検討されていないのではないかという心配が一つです。

もう一つは、先ほど来災害のことを述べられていて、……（以下略）

「峰崎直樹：（番号制度創設推進本部事務局長、内閣官房参与）

これは逆に使われることもあるのではないかと。率直に申し上げて、それは政治の問題だと思うのです。社会保障を充実させていくのか、あるいは考え方によっては小さい政府に持っていって社会保障は自立自助でいったほうがいいのだというふうに思っている人たちが政治の実権を握った場合には、そちらに行くだろう。

そういう意味で言うと、それはシステムの問題ではなくて、主として我々が選んでいく政治の価値観の方向をどう選択するかというところに実は問題は帰着するのではないでしょうか。そういった意味でいつでもきちんと低所得者層に、我々は今の段階では、税金を払っていないような人にもマイナスの所得税、すなわち給付つき税額控除を適用するようなことができないだろうといったような方向に今舵を切ろうとしているわけでありまして、ある意味では、番号制度が入ることによって、そういうことができる可能性が開けてくるという点は一つ大きいポイントではないのだろうかと私は思っています。

田中直毅：（基調報告者　国際公共政策研究センター理事長）

共助としての公的保険制度は、もっと広く議論されなければ公的保険制度の持続性そのものが脅かされる間際まで我々は来ているわけです。おっしゃるように、だれがこの保険制度の頻繁な利用者かというのは、当然それは出すことが目的です。

例えば末期医療においてどれだけお金が使われたのか、それは定義の問題ですが、お金が使われた後、一人一人の生存日数を考えたときに、末期医療に使っている保険制度を通じての支出は、どういう意味があるのかという点については広く国民的に議論する以外にないところまで来ています。

それから、たまたま体が弱い、重篤な何かを持っている、あるいはハンディキャップを持っておられるというときに、保険制度のヘビーユーザーになるというのは当たり前のことであります。それは我々の社会の共助のゆえですから。逆に言えばそのこと自体がなぜ彼が、あるいは彼女がこんなにもお金を使っているのかということについて理由をはっきりさせれば、この制度の持続性の意味が明らかになるわけです。

ですから、共助のシステムとして何を我々が保持しなければいけないのかをもう一度議論しないといけない。……私は共通番号を通じて、そういう類といいましょうか、一つの分類でどういう支出になっているのかはもう広く国民的議論にする以外にない。そうしなければ、我々の社会の明日は暗くなると思っております」

4　社会保障・税番号制度の法律事項に関する概要（案）

一二月一六日の社会保障・税に関わる番号制度に関する実務検討会で、法制化に向けた「社会保障・税番号制度の法律事項に関する概要（案）」（以下「概要（案）」と略）が公表されました。「大綱」とはかなり内容が変わっており、変更点を中心に対比してみます。

1　名称、所管

法律の名称は「行政手続における特定の個人を識別するための番号の利用等に関する法律」（通称「マイナンバー法」）とし、法律の所管は内閣府、個人番号の通知等及び番号カードの所管は総務省、法人番号の通知等の所管は国税庁、情報連携基盤の所管は内閣府及び総務省の共管となっています。情報連携基盤の所管は「大綱」では総務省で、民主党は内閣府を軸に検討することを求めていましたが、共管という形になりました。しかし実質的には総務省が主導していくと思われます。

2　制度の内容

㈠　総則——目的と理念

目的については「国民の利便性の向上及び行政運営の効率化を図り、国民が安心して暮らすことのできる社会の実現に寄与する」となっています。「大綱」までは所得を把握して社会保障給付を公平に行うことや「真に手を差し伸べるべき者」への保障を充実するための番号制度と説明されていましたが、それは書かれていません。

制度の基本理念としては、①個人の権利利益が保護、②社会保障制度及び税制における給付と負担の適切な関係が維持、③行政における申請、届出その他の手続等の合理化、④自己に関する個人情報の簡易な確認の方法が得られる等国民生活の充実に資する、の四点をあげています。「大綱」の番号制度により実現すべき社会と一見似た理念が書かれています。しかしたとえば、「社会保障がきめ細やかかつ的確に行われる社会」が社会保障と税制における給付と負担の「適切な関係」にかわり、「自己情報をコントロールできる社会」が「個人情報の簡易な確認」に矮小化されるなど、宣伝文句との乖離がすすんでいます。

(二)　個人番号

(1)　番号の変更について「大綱」では検討中となっていましたが、「概要（案）」では「個人番号の盗用、漏洩等の不正行為による被害を受けたこと等の事情により、個人の権利利益を不当に侵害され、又は侵害されるおそれがある場合」に限定して、その者の請求又は職権により変更するとされています。被害を受ける前に予防的に変更することはできなくなります。

(2)　利用範囲として、個人番号を利用できる者を「個人情報取扱者」として次の三つあげています。「大綱」まで使われていた「情報保有機関」という言葉は、「概要（案）」では使われていません。「情報保有機関」とおなじ範囲を指すのか不明です。

①法別表に規定された社会保障分野の事務・税の賦課徴収事務・防災事務等を行う、国の機関・地方公共団体・独立行政法人等その他の者と、その事務の「申請・届出その他の手続きを行う者（代理人を含む）、それらの事務・手続の委任を受けた受託者。

②地方公共団体が条例で定める社会保障、地方税、防災事務その他事務を行う者とその受託者。

③金融機関は、激甚災害発生時に保険金等の支払いを行うために必要な限度で、あらかじめ当該金融機関が保有する個人番号を利用。

①は国や公共機関だけでなく、「その事務の申請・届出その他の手続きを行う者」も含まれるので、税の法定調書を提出する企業や社会保障関係の医療・介護・福祉などの事業者など民間も含まれます。

また金融機関での利用は激甚災害時に限定されているようですが、「あらかじめ」保有するということは、常時「番号」を口座番号などと紐付けしてデータ管理していることを意味します。資産の把握につながる金融機関が共通番号制度にどう係わるかは明確ではありません。

(3)　告知または提供の要求として、これら「個人情報取扱者」は利用範囲で必要があるときは、本人に個人番号の告知を求めることができます。

また個人情報取扱者のうち政令で定める者は、必要があるときは住基法の規定にしたがって、（指定情報処理機関の事務を引き継ぐ）地方公共団体情報処理機構（仮称）に個人番号の提供を求めることができます。

「マイナンバー法」に規定されていない場合は、他人に個人番号の告知・提供を求めることを禁じています。「大綱」では、券面に「番号」が記載されたICカードを本人確認書類として使用する場合を考慮して、「不当な目的」での告知を禁止するという表現になっていました（三六頁注二三）。「マイナンバー法」でICカードを本人確認書類として使用することが規定されなければ、このような利用は違法になると思われます。

「大綱」では、告知の義務（正当な利用目的で「番号」の告知を求められた者は「番号」を告知しなければならず、正当な理由なく告知を忌避してはならない）や「番号」の虚偽告知の禁止も書かれていましたが、「概要（案）」ではそこまでは触れていません。それらの違反への罰則規定と合わせて今後制定される社会保障や税務関係の個別法に委ねると思われます。

(4)　本人確認の措置として、個人番号の告知を受ける場合は、番号カードの提示またはその他政令で定める方法で本人確認をすることを義務づけています。

㈢　番号個人情報の保護等

(1)　「概要（案）」では、新たに個人番号をその内容に含む個人情報を「番号個人情報」と呼んでいます。この「番号個人情報」には、個人番号に代えて、番号、記号その他の符号（当該符号の提供を受けた者が当該符号により当該個人番号を特定することができるもの）をその内容に含む個人情報も含みます。

この番号個人情報を記録したファイルの作成について、次の場合はマイナンバー法の別表や地方公共団体の条例で定めた番号関係事務等に必要な範囲を超えて作成することを認めています。

・番号個人情報ファイルから分離して管理することにより業務の円滑な実施に著しい支障を生ずるおそれがあり、かつ、当該番号個人情報ファイルに記録された番号個人情報の取扱いについて個人の権利利益を侵害しないための安全確保措置が取られていると認められるとき。

・マイナンバー法に規定するとき。

(2) 情報連携では、次の場合に番号個人情報の提供を認めています。

(イ) マイナンバー法別表に定めるもので情報連携基盤を使用して行われる場合。

(ロ) 個人番号取扱者の職員が業務上必要な範囲で同一機関内の他の職員に提供する場合。

(ハ) 地方税当局間、又は地方・国税当局の間で法令に基づき提供を行う場合で安全を確保するために必要な措置を講じる場合。

(ニ) 地方公共団体の執行機関が条例により当該地方公共団体の他の執行機関に提供を行う場合。

(ホ) 住民基本台帳法に規定する事務のために提供を行う場合。

(ヘ) 個人番号取扱者が番号関係手続を行うため必要な範囲で提供する場合。

(ト) 個人番号取扱者が委託又は合併等による事業継承に伴い提供する場合。

(チ) 個人番号取扱者が本人に提供する場合。

(リ) 個人番号取扱者が人の生命、身体又は財産の保護のために必要があり、かつ、本人の同意があるか又は本人の同意を得ることが困難な場合。

(ヌ)　番号情報保護委員会の求めがあり、委員会に提供する場合。
(ル)　国会の審査又は調査、裁判、刑事事件の捜査、犯則事件の調査又は税務調査、会計検査院の検査その他公益上の必要により提供する場合。
(ヲ)　番号情報保護委員会の承認を受けた場合。

情報連携では「各機関間の情報連携は情報連携基盤を通じて行わせることにより、情報連携基盤がデータのやり取りの承認やアクセス記録の保持を行い、国民が自己情報へのアクセス記録を確認できるようにする」(「基本方針」六頁) ことが、「国民の懸念」に対する個人情報保護策の基本とされてきました。しかしこれら提供を認める場合のうち、提供記録が保存されるのは、情報連携基盤を使用する(イ)だけです。(ホ)は総務省令で本人確認情報の提供状況の開示のしくみがあるものの、その他はどこに提供されたかわかりません。
(ロ)の「業務上必要な範囲」や「同一機関内」、(ヘ)の「必要な範囲」、(リ)の「人の生命、身体又は財産の保護のために必要」などを判断するのは、個人番号取扱者です。(ト)の「委託又は合併等による事業継承」は、委託や合併によって番号個人情報を収集していくことを許容しています。(ル)では刑事事件の捜査も認め、警察への提供がフリーパスになります。さらにこの提供制限については「※現行の事務の遂行に支障が生じないよう配慮する」という注記まであります。支障があると判断すれば提供を認めるということではザル法です。

情報連携基盤については、依然その仕組みが明らかにされていませんが、「情報連携基盤の所管大臣は、情報連携基盤を使用して番号個人情報の提供を求められた場合に、……本人の個人番号を特定することができる符号を情報提供者及び情報照会者に提供しなければならない」の一文があります。

情報連携基盤の章（第二章の四）で述べたように、従来説明されてきた番号連携のイメージでは、「番号（個人番号、マイナンバー）」と「符号（リンクコード）」を対照して保持するのは、基本四情報で突合し固有の管理番号と紐付けする情報保有機関だけです。住基ネットの最高裁判決で示された「個人情報を一元的に管理することができる機関が存在しないこと」という要件に適合したシステムにするという理由で、情報連携基盤が「番号」と「符号」の両方を保有することがないよう、「番号」と「符号」の生成機関も別ルートにしていました。もしこの一文が特定の「番号」に対応した「符号」を情報連携基盤が把握しているということであれば、従来の説明とはまったく異なるシステムが想定され、それが最高裁判決の要件をどうクリアするのか問われます。番号法の前提として、情報連携基盤システムの仕組みが明らかにされなければなりません。

(3)　個人情報保護法等の特例

行政機関等個人情報保護法との関係では、番号個人情報については本人同意があっても第三者に目的外提供しないことを原則とするなど、より厳格に扱うとしています。また法定代理人だけでなく任意代理人による開示請求等も可能としています。

個人情報保護法との関係では、個人情報保護法が個人情報が五千を超えないものは個人情報取扱事業者としていないのに対して、マイナンバー法では数に関係なく番号個人情報を扱うすべての事業者を対象に安全管理などを求めています。なおこの規定は報道目的等の場合は適用除外としています。これは個人情報保護法制定時に報道の自由を損なうおそれが問題になったことを意識したものです。

㈣　番号情報保護委員会

第三者機関について、「大綱」では未定だった「三条委員会」にすることが明記され、委員長と六人以内の委員で組織すること、委員長・委員は可能な限り非常勤を活用すること、任期は五年とすることなどが示されています。

㈤　法人番号

国税庁長官が、法人等（国の機関、地方公共団体、人格のない社団等などを含む）に法人番号を指定し通知することにしています。なんらかの法人格をもつすべての団体・事業体に番号がつけられて管理されることになります。なお個人事業主については付番しない予定です（個人情報保護WG第三回議事録）。

法人番号の使い方については、「概要（案）」でもほとんど書かれていませんが、使い方によっては団体の活動監視にも使われるおそれがあります。

㈥　雑則

番号カードについては、「大綱」と同様の記述です。

事務の区分について、個人番号の通知、変更等の市町村長が処理する事務は、法定受託事務とされました。住基ネットは自治事務でしたが、番号制度は国の事務です。

㈦　罰則

罰則の対象を以下のように列挙していますが、罰則の内容は書かれていません。

○個人番号を取り扱う行政機関の職員や事業者等が、正当な理由なく番号個人情報等を含むファイルを提供したとき。

○個人番号を取り扱う行政機関の職員や事業者等が、業務に関して知り得た番号個人情報等を正当な理由なく提供又は盗用したとき。

○情報連携事務に従事する者等が、情報連携事務に関して知り得た電子計算機処理等の秘密を漏らしたとき。

○行政機関の職員等が、不当な目的で個人番号が記録された文書、図画又は電磁的記録を収集したとき。

○人を欺き、暴行を加え、脅迫する行為により、又は財物の窃取、施設への侵入、不正アクセス行為その他の行為により個人番号等を取得したとき。

○偽りその他不正の手段により、番号カードの交付を受けたとき。
○番号情報保護委員会の職員等が、職務上知り得た秘密を漏らしたとき。
○番号情報保護委員会による検査を拒むなどしたとき。
○番号情報保護委員会の命令に違反したとき。

(八)　その他
マイナンバー法施行後五年をメドとして、利用範囲拡大を含めた見直しを行うと明記しています。

5　社会保障・税一体改革の大綱を閣議決定

政府は二〇一二年一月六日政府・与党社会保障改革本部で「社会保障・税一体改革素案」を決定し閣議報告し、二月一七日には「社会保障・税一体改革大綱」として閣議決定しました。消費税増税との関連で、共通番号制度についても「総合合算制度」や「給付付き税額控除」など何カ所かで言及され、特に番号制度の導入に伴う税制上の対応について具体的に示しています。

消費税増税により「所得の少ない家計ほど、食料品向けを含めた消費支出の割合が高いために、消費税負担率も高くなるという、いわゆる逆進性の問題も踏まえ、二〇一五年度以降の番号制度の本格稼動・定着後の実施を念頭に、関連する社会保障制度の見直しや所得控除の抜本的な整理とあわせ、総合合算制度や給付付き税額控除等、再分配に関する総合的な施策を導入する」（三二頁）としています。また税・社会保障の負担が増加する中で、低所得者の負担軽減のために「制度単位ではなく家計全体をトータルに捉えて、医療・介護・保育等に関する自己負担の合計額に上限を設定する『総合合算制度』を創設する」（一五頁）と述べています。

そして社会保障・税番号制度の導入に伴い、税務分野において番号制度の適正な利用を確保するために、申告書・法定調書等の税務関係書類の記載事項に、その提出者や控除対象となる配偶者等の「番号」を追加すること、法定調書の対象となる金銭の支払を受ける者等が告知すべき事項に「番号」を追加する措置をとることにしています（四五頁）。

その「番号」告知の際に提示を求める本人確認書類として、「個人番号」については番号カード又は番号の記載のある住民票の写し、「法人番号」については国税庁長官が発行した法人番号の通知書等をあげています（別紙3＝略）。

しかし納税者利便の向上策や法定調書の拡充等については、マイナンバー法成立後に「納税者・事業者の負担等にも配慮しつつ、引き続き検討する」（三八頁）と後回しにされ、番号制度の導入だけを先行させています。

6　世論調査で八割が番号制度を知らず

内閣府が社会保障・税の番号制度に関する国民の意識を把握するために平成二三年一一月一〇

日～一一月二七日に行った世論調査の結果が、二〇一二年一月二八日公表されました。これは二〇歳以上の全国三〇〇〇人を対象とし、有効回収数は一八九〇人です。

社会保障と税の番号制度を知っているかについては、「内容まで知っている」が一六・七%、「内容は知らないが、言葉は聞いたことがある」が四一・八%、「知らない」が四一・五%で、八割以上の国民が知らないという認知度の低さです。

番号制度が必要と思うかについては、「必要だと思う」一八・五%、「どちらかといえば必要だと思う」三八・八%、「どちらかといえば必要だと思わない」一五・一%、「必要だと思わない」一二・二%、「わからない」一五・三%となっています。

八割が内容を知らないのに必要だと思う人が五七・四%という結果ですが、これは調査票の説明が番号制度について「各種行政事務の無駄をなくし，社会保障と税の分野において，制度の透明性を高め，給付や負担の公平性，公正性を確保するための社会的基盤」で行政機関への事務手続きが簡単になり負担が軽減され、個人情報の不正利用や漏洩を防止する様々な保護措置を講じる、などとメリットのみを記載し、問題点を指摘していないことに誘導されたと思われます。

番号制度に対する懸念として個人情報に関することで最も不安に思うことについては、国による監視が一三・〇%、個人情報漏洩が四〇・五%、不正利用による被害が三二・二%、「特にない」が一一・〇%となっています。

マイ・ポータルの必要性については、「必要だと思う」が四〇・三%、「必要だと思わない」が四七・七%で、必要と思わない理由は、現状で不便を感じないが多く、他はインターネットが使えないとか利用が面倒というもので、年齢が上がるほど必要だと思わない人の比率が高くなっています。マイ・ポータルによりプッシュ型でサービスを提供するということにはたしてどれだけの必要性と利便性があるのか疑問です。

第五章　国民総背番号三法案が国会提出

二〇一二年二月一四日、次の番号三法が閣議決定され、第一八〇回国会に提出されました。

(1) 行政手続における特定の個人を識別するための番号の利用等に関する法律案（マイナンバー法案）。

(2) 行政手続における特定の個人を識別するための番号の利用等に関する法律案の施行に伴う関係法律の整備等に関する法律案。

(3) 地方公共団体情報システム機構法案。

(1)、(2)は内閣官房社会保障改革担当室、(3)は総務省が担当です（以後、(1)は「番号利用法」、(2)は「整備法」、(3)は「機構法」、総称として「番号法」と略します）。

共通番号制度については二〇一一年六月の「大綱」で法案策定作業を念頭に政府・与党として方向性を示し、一二月に「社会保障・税番号制度の法律事項に関する概要（案）」が示されていました。しかし今回の番号三法案は、これらと比べてもさらに国民管理のための制度へと変質しています。

1 「国民が主権者」から国民管理に変質した番号制度の目的

政府はこの番号制度について、一貫して社会保障と税の番号制度と説明し、「主権者たる国民の視点に立った番号制度の構築」だと宣伝してきました。ところがこの番号利用法案の第一条（目的）はそれとは大きく異なり、行政による国民情報管理を効率化するための制度になっています。

第一条ではこの法律の目的としてまず、行政が番号による個人・法人の識別機能を活用して、効率的な個人・法人情報の管理・利用、そして他の行政機関との間での迅速な情報の授受を可能にすることをあげています。あくまで管理する側の効率化と管理強化のための番号だと正直に述べています。そして次に、国民が手続きの簡素化による負担の軽減と本人確認の簡易な手段を得られるようにすることをあげています。しかし負担の軽減はあっても「国民が主権者」の視点はまったくありません。

いままで目的と説明されてきた「真に手を差し伸べるべき者に対する社会保障の充実」も「国民生活を支える社会的基盤を構築」も「国民の権利を守り、国民が自己情報をコントロールできる社会の実現」も「個人の権利利益の保護」も、すべて目的から消えました。一二月の「法律事項に関する概要（案）」で目的に掲げられていた「国民が安心して暮らすことのできる社会の実現に寄与」もなくなりました。

法案提出後に行われた二月二六日の神奈川でのリレーシンポジウムで政府の担当者である峰崎直樹参与は、法律の名称のとおり行政が個人の一人一人を識別するための番号をつくることが目的であり、利用事務はその都度法律で定めることで何にでも使えるツールだと、いままで「社会保障・税番号」として検討してきたことを全て覆す説明をしています。

また「本人確認の簡易な手段を得られるようにする」ことを、あたかも国民の利便性の向上であるかのように述べていますが、「大綱」が述べていたように、この番号制度では私たちは「番号」を告知する義務を負い、告知を拒むことは許されず、間違った「番号」を告知することも禁じられます。そのため本人確認にあたり「本人であることの証明手段」を提示することが国民の義務になります。「国民が本人確認の簡易な手段を得られるようにする」のは利便性向上ではなく、「国民は本人確認の手段を所持しなければ生活できなくなる」のであり、この共通番号と本人確認の手段（＝個人番号カード）によって、国民は徹底的に管理の客体とされます。

そもそも政府総務省は、住基カードを「公的な身分証明書」だと宣伝してきました。いまさら「国民が本人確認の簡易な手段を得られる」と言いだすのでは、住基カードはなんだったのでしょうか。しかも住基ネットを基礎とした番号制度のため、住民登録のない人はこの本人確認手段を得られません。

第一条（目的）

この法律は、行政機関、地方公共団体その他の行政事務を処理する者が、個人番号及び法人番号の有する特定の個人及び法人その他の団体を識別する機能を活用して、効率的な情報の管理及び利用並びに他の行政事務を処理する者との間における迅速な情報の授受を行うことができるようにするとともに、これらの者に対し申請、届出その他の手続を行う国民が、手続の簡素化による負担の軽減及び本人確認の簡易な手段を得られるようにするために必要な事項を定めるほか、個人番号その他の特定個人情報の取扱いが適正に行われるよう行政機関の保有する個人情報の保護に関する法律、独立行政法人等の保有する個人情報の保護に関する法律及び個人情報の保護に関する法律の特例を定めることを目的とする。

第三条（個人番号及び法人番号の利用の基本）でも、番号制度の趣旨は行政事務の処理の対象を特定する簡易な手段を設けることだとしつつ、情報の共有により「社会保障制度、税制その他の行政分野における給付と負担の適切な関係の維持に資する」と述べています。「その他の行政分野」とあるように、この番号利用法案の対象は社会保障と税制だけではありません。しかも「給付と負担の適切な関係」という表現は、負担の少ない者には給付も少なくする、という意図がうかがえます。少なくとも「適切」とは何を意味するのか明確でなければ、番号制度の「悪用」は避けられません。個人情報保護についても、行政等に対して情報管理の適正の確保をうたっていますが、国民の側の「自己情報のコントロール権」の尊重などどこにも書いてありません。

この法案によって、共通番号は行政による国民情報管理のための制度であり、国民は管理の客体としか見られていないことがはっきりしました。政府は「主権者たる国民の視点に立つ」ということがどういうことなのか、一から考え直すべきです。

2　サービス提供から国民管理に拡大した利用事務

番号制度の利用範囲として「大綱」は年金・医療・介護保険・福祉・労働保険・税務・その他（災害、条例利用）をあげていました。利用内容も社会保障関係では申請・請求や受給の際の本人確認で、税では法定調書への番号の記載や賦課徴収事務でした。

しかし今回の番号法の利用事務の別表では、それとは大きく異なる利用が追加され、九三事務になっています。社会保障関係では、事務の範囲が公衆衛生や学校関係、公営住宅の管理事務などに広がり、事務の内容も申請手続や届出、給付、交付などから、費用徴収、認定・入所入院措置のような権力行政、患者・対象者管理にまで広がりました。事務の内容は今後それぞれの省令で規定されることになりますが、費用徴収ではいま都道府県条例で住基ネットの利用が広がっている滞納整理のための所在の追跡事務が入ってくると思われます。

「大綱」と異なる事務の例（漢数字は別表第一の番号）

・公衆衛生関係の事務の追加

十　予防接種法による、予防接種の実施、給付の支給又は実費の徴収。

十四　精神保健及び精神障害者福祉に関する法律による、診察、入院措置、費用の徴収、退院等の請求又は精神障害者保健福祉手帳の交付。

四十九　母子保健法による、保健指導、新生児の訪問指導、健康診査、妊娠の届出、母子健康手帳の交付、妊産婦の訪問指導、低体重児の届出、未熟児の訪問指導、養育医療の給付若しくは養育医療に要する費用の支給又は費用の徴収。

七十　感染症の予防及び感染症の患者に対する医療に関する法律による、入院の勧告若しくは措置、費用の負担又は療養費の支給。

七十六　健康増進法による、健康増進事業の実施。

八十二　心神喪失等の状態で重大な他害行為を行った者の医療及び観察等に関する法律による、処遇改善の請求。

三十五　住宅地区改良法による、改良住宅の管理若しくは家賃若しくは敷金の決定若しくは変更又は収入超過者に対する措置。

十九　公営住宅法による、公営住宅に規定する公営住宅の管理。

・住宅関係の事務の追加

二十六　特別支援学校への就学奨励に関する法律による、特別支援学校への就学のため必要な経費の支弁。

・学校・教育関係の事務の追加

二十七　学校保健安全法による、医療に要する費用についての援助。

八十一　独立行政法人日本学生支援機構法による、学資の貸与。

九十一　公立高等学校に係る授業料の不徴収及び高等学校等就学支援金の支給に関する法律による、就学支援金の支給。

・福祉関係の事務での措置や対象者管理などの追加

七　児童福祉法による、里親の認定、養育里親の登録、療育の給付、障害児入所給付費、高額障害児入所給付費、特定入所障害児食費等給付費若しくは障害児入所医療費の支給、医療の給付等の事業若しくは日常生活上の援助及び生活指導並びに就業の支援の実施、負担能力の認定又は費用の徴収・支払命令。

八　児童福祉法による、障害児通所給付費、特例障害児通所給付費、高額障害児通所給付費、肢体不自由児通所医療費、障害児相談支援給付費若しくは特例障害児相談支援給付費の支給、障害福祉サービスの提供、保育所における保育の実施又は費用の徴収。

十二　身体障害者福祉法による、障害福祉サービス、障害者支援施設等への入所等の措置又は費用の徴収。

十五　生活保護法による、保護の決定及び実施、保護に要する費用の返還又は費用の徴収

三十四　知的障害者福祉法による、障害福祉サービス、障害者支援施設等への入所等の措置・費用の徴収。

四十一　老人福祉法による、福祉の措置又は費用の徴収。

八十四　障害者自立支援法による、自立支援給付の支給又は地域生活支援事業の実施。

・労働関係での給付以外の事務

三十六　障害者の雇用の促進等に関する法律による職業紹介等、障害者職業センターの設置及び運営、納付金関係業務若しくは納付金関係業務に相当する業務の実施、在宅就業障害者特例調整金若しくは報奨金等の支給又は登録。

五十一　雇用対策法による再就職援助計画の認定。
五十七　雇用保険法による失業等給付の支給又は雇用安定事業若しくは能力開発事業の実施。
・税務以外での徴収事務の追加
二　健康保険法による保険給付の支給又は保険料等の徴収。
四　船員保険法による保険料等の徴収。
七　児童福祉法による負担能力の認定又は費用の徴収。
八　児童福祉法による保育所における保育の実施又は費用の徴収。
十二　身体障害者福祉法による障害福祉サービス、障害者支援施設等への入所等の措置又は費用の徴収。
十三　身体障害者福祉法による費用の徴収。
十四　精神保健及び精神障害者福祉に関する法律による診察、入院措置、費用の徴収。
十五　生活保護法による保護に要する費用の返還又は費用の徴収。
二十四　厚生年金保険法による保険料その他徴収金の徴収。
三十　国民健康保険法による保険料の徴収。
三十一　国民年金法による保険料その他徴収金の徴収。
三十二　国民年金法による（国民年金基金の）掛金の徴収。
三十四　知的障害者福祉法による費用の徴収。

四十一　老人福祉法による費用の徴収。
四十九　母子保健法による養育医療に要する費用の支給又は費用の徴収。
五十九　高齢者の医療の確保に関する法律による後期高齢者医療給付の支給又は保険料の徴収。
六十八　介護保険法による保険料の徴収。
七十五　厚生年金保険制度及び農林漁業団体職員共済組合制度の統合を図るための農林漁業団体職員共済組合法等を廃止する等の法律による特例業務負担金の徴収。
七十七　独立行政法人農業者年金基金法による保険料その他徴収金の徴収。
八十八　厚生年金保険の保険給付及び保険料の納付の特例等に関する法律による特例納付保険料の徴収。

3　番号利用法での個人番号の利用範囲

番号利用法では、個人番号を含む個人情報を「特定個人情報」とよんでいます。この「個人番号」は「住民票コードを変換して得られる番号であって、当該住民票コードが記載された住民票に係る者を識別するために指定されるもの」（第二条五）と定義されていますが、「マイナンバー」の他、「個人番号に対応し、当該個人番号に代わって用いられる番号、記号その他の符号であって、住民票コード以外のものを含む」（第二条七）とされています。この「特定個人情報」を含む個人情報ファイルを「特定個人情報ファイル」としています。

そして利用事務を「個人番号利用事務」と「個人番号関係事務」の二種類に区分しています。「個人番号利用事務」は、法第六条第一項・第二項により、保有する特定個人情報ファイルにおいて個人番号を効率的に検索し管理するために必要な限度で個人番号を利用して処理する事務です。

この第六条第一項が、別表第一に規定する事務です。第二項は地方公共団体が福祉・保健・医療その他の社会保障、地方税、防災に関する事務その他これらに類する事務で、条例で定める事務です。これらの事務を処理するものが「個人番号利用事務実施者」です。

「個人番号関係事務」は、「第六条第三項の規定により個人番号利用事務に関して行われる他人の個人番号を利用して行う事務」です。この事務を処理するのは「個人番号関係事務実施者」です。以下の規定やその他の法令又は条例の規定によって、第一項・第二項の事務の処理に関して必要とされる他人の個人番号を記載した書面の提出その他他人の個人番号を利用した事務を行うものとされた者は、その事務を行うために必要な限度で個人番号を利用できるとされています。

・健康保険法の、被保険者の資格取得・喪失や報酬月額・賞与額を事業主が保険者等に届出等。
・相続税法の、生命保険や損害保険の保険金、退職手当金、信託、財産、債務などの調書の提出。
・厚生年金保健法の、被保険者の資格取得・喪失や報酬月額・賞与額の届出等。
・租税特別措置法の、上場証券投資信託等の償還金等の課税の特例、その他。

・所得税法の、給与所得者の特定支出の控除、支払調書・支払通知書、その他。
・雇用保険法の、被保険者に関する届出。
・内国税の適正な課税の確保を図るための国外送金等に係る調書の提出等に関する法律の、国外送金等調書の提出。

第六条の四ではその他に、激甚災害の発生時には所得税法第二百二十五条に規定する利子等・配当金・生命保険金・損害保険金の支払いをする者が、あらかじめ締結した契約に基づく金銭の支払を行うために必要な限度で個人番号を利用することができるとなっています。金融機関はあらかじめ「個人番号」をそれぞれの個人情報データベースに記録しておくことになり、データマッチングへの目的外利用も懸念されます。

さらに五として、「第十七条第十号から第十三号までのいずれかに該当して特定個人情報の提供を受けた者は、その提供を受けた目的を達成するために必要な限度で個人番号を利用することができる」となっています。この中で第十一号では、刑事事件の捜査や裁判の執行、租税に関する犯則調査や、「その他政令で定める公益上の必要があるとき」に利用が可能となっています。「捜査関係事項照会」などにより特定個人情報が警察等に提供され、個人番号が利用される危険性があります。しかしこれらの利用状況は本人開示の対象にならず、第三者機関のチェックも対象外です。

なおこれらの事務は委託、さらに再委託することが認められています（第七条）。近年、業務委託先からの情報漏洩事件は多発しています。住基ネットでも二〇〇七年五月に愛媛県愛南町で、町村合併時のデータ統合業務の再委託会社の社員のパソコンから住民票コードを含む住民情報がファイル交換ソフトを通じて流出する事件が発覚しています。にも関わらず、行政が国民から強制的に集めたプライバシーに関わる個人情報をこのような危険に晒すことが許されるのでしょうか。法案では、これらの委託・再委託にあたり、委託先に対する適切な監督を義務づけています（第八条）。しかし委託さらに再委託となっていくほど、監督には限界があります。しかもこの番号制度は個人情報の共有を目的とした制度であり、自分の所管でいくら監督をしっかりしても、共有・利用した先の監督までチェック出来るわけではありません。

4　特定個人情報はどう提供されるか

「特定個人情報ファイル」については、「個人番号利用事務等実施者（個人番号利用事務実施者＋個人番号関係事務実施者）」と「その他個人番号利用事務等に従事する者」は、個人番号利用事務等を処理するために必要な範囲を超えて作成してはならないとされていますが（第十六条）、「必要な範囲」は実施者が判断することになります。

この（個人番号を含む）特定個人情報を提供できるのは、十七条に列挙されている次の十三の場合ですが、「必要な限度」や「その他政令で定める公益上の必要」など、行政の恣意的判断に委ねられている部分もあります（第十七条）。

一　個人番号利用事務実施者が、第六条一項（別表第一）・二項の事務で、必要な限度で本人・代理人や他の個人番号利用事務実施者に提供。
二　個人番号関係事務実施者が、第六条三項の事務を処理するために必要な限度で提供。
三　本人又は代理人が、個人番号利用事務等実施者に本人の特定個人情報を提供。
四　地方公共団体情報システム機構が、個人番号利用事務実施者の求めにより機構の保存する本人確認情報を提供（住基法第三十条の九～十二に規定）。
五　委託・合併その他の事由による事業の承継に伴い提供。
六　住基法第三十条の六第一項の規定で、市町村が住民票の記載・消除・修正を行った場合に、本人確認情報を都道府県に通知。
七　別表第二の第一欄に掲げる者が、同表の第三欄に掲げる者に、同表の第二欄に掲げる事務を処理するために、同表の第四欄に掲げる特定個人情報の提供を求めた場合に、当該情報提供者が情報提供ネットワークシステムを使用して当該特定個人情報を提供。
八　国税庁長官・都道府県知事・市町村長の間で、地方税法の規定により国税又は地方税に関する特定個人情報を提供。
九　地方公共団体が、条例で定めるところにより、当該地方公共団体の他の機関に、その事務を処理するために必要な限度で特定個人情報を提供。
十　第三者機関である個人番号情報保護委員会に、第四十七条第一項の規定（報告・立入検査）

により求められた特定個人情報を提供。
十一　衆参議院の委員会・参議院の調査会が国会法や議院における証人の宣誓及び証言等に関する法律の規定で行う審査・調査、訴訟手続その他の裁判所における手続、裁判の執行、刑事事件の捜査、租税に関する法律の規定に基づく犯則事件の調査若しくは租税に関する調査又は会計検査院の検査が行われるとき、その他政令で定める公益上の必要があるとき。
十二　人の生命、身体又は財産の保護のために必要がある場合において、本人の同意があり、又は本人の同意を得ることが困難であるとき。
十三　その他これらに準ずるものとして個人番号情報保護委員会規則で定めるとき。

5　差別の原因となるセンシティブなプライバシー情報も情報連携で提供

この第十七条の七がいわゆる「情報連携」による提供事務で、別表第二に一一六事務が列挙され、以下のような情報がさまざまな事務に提供されます。「大綱」から利用事務の範囲と内容が拡大したことに伴い、プライバシーに深く関わり差別的扱いの原因となるおそれのある「障害」、母子、生活保護・失業、疾病・要介護などのセンシティブ情報や、住基ネットでは提供されない世帯情報も、情報提供ネットワークを通して提供されます。これらの事務の対象者であるということが、行政機関や関係する民間機関の間で情報共有されていくことになり、漏洩や本人の意思に反した利用が心配されます。

なおこの番号法では、医療等の分野の機微性の高い個人情報について特段の措置等を規定した特別法を二〇一三年に国会提出することになっており、二〇一五年の運用開始までにはさらに病歴や健診情報などセンシティブ情報の利用が拡大する予定です。

・医療保険給付関係情報（医療保険各法又は高齢者医療法による医療給付の支給又は保険料の徴収に関する情報）。
・介護保険給付関係情報（介護保険法による給付・保険料の徴収に関する情報）。
・住民票関係情報（住民基本台帳法第七条第四号に規定する事項＝世帯主、世帯主との続柄）。
・生活保護関係情報（生活保護法による保護の実施に関する情報）。
・中国残留邦人等支援給付関係情報（中国残留邦人等支援給付の支給に関する情報）。
・児童扶養手当関係情報（母子世帯が受ける児童扶養手当の支給に関する情報）。
・「障害者関係情報」（児童福祉法による障害児入所支援・措置、身障手帳、精神障害者保健福祉手帳、知的障害者情報）。
・特別児童扶養手当関係情報（心身に障害を持つ児童がいる家庭を対象とする特別児童扶養手当の支給に関する情報）。
・失業等給付関係情報（雇用保険法による給付の支給に関する情報）。
・母子生活支援施設における保護に関する情報。
・障害児の通所支援情報、障害者自立支援法による自立支援給付支給情報。

・社会福祉法による生計困難者に対する貸付の情報。
・母子及び寡婦福祉法による資金の貸付情報。
・特別支援学校への就学奨励費の支弁に関する情報。
・母子保健法による養育医療の給付・費用の支給情報。
・障害者自立支援法による療養介護・施設入所情報。

6 情報連携の仕組みが不明なまま番号法を提出

今回の法案は、「大綱」では「情報連携基盤」とよんでいた個人情報の共有・共用システムを、「情報提供ネットワークシステム」としています。しかし情報連携の具体的な仕組みは、依然として「イメージ」しか明らかにされず、なにも確定していません。また「マイ・ポータル」についても、法案では触れられていません。

「大綱」では、「個人情報を一元的に管理することができる機関又は主体が存在しない」という最高裁判決の趣旨をふまえるために「見える番号(マイナンバー)」を直接情報連携には使わないことを大原則としてきました。しかし今回の法案では、この原則は書かれていません。それどころか、「番号(マイナンバー)」も「符号(国民ID、リンクコード等)」も、一括して「個人番号」として区別しておらず(番号法案第二条七)、法律上は「番号」を直接・間接に使った情報連携も可能になっています。

内閣官房の「情報連携基盤等の調達に係る情報提供依頼」では、情報連携基盤システムの基本設計は二〇一二年七月から始める予定になっており、番号法が審議される第一八〇国会の会期中にはその姿は明らかになりません。仕組みがわからなければ、プライバシー侵害の危険を検討することもできません。そのような状態で番号法を決めることは許されません。

この情報連携基盤の所管は、「基本方針」や「大綱」では総務省でしたが、二〇一一年一二月一六日の「社会保障・税番号制度の法律事項に関する概要（案）」では内閣府及び総務省の共管となっていました。今回の番号利用法では、総務大臣が情報提供ネットワークシステムを設置し管理するとなっています（第十九条）。情報照会者と情報提供者は、情報提供の際は、情報照会者及び情報提供者の名称、提供の求めと提供の日時、特定個人情報の項目を記録することになっています（第二十一条）。

7　個人情報保護の第三者機関と罰則

第三者機関を「個人番号情報保護委員会」とし、いわゆる「三条委員会」として設置するとしています。構成は委員長と委員六人（うち三人は非常勤）で、委員は個人情報保護・情報処理技術・社会保障制度又は税制に学識経験ある者、民間企業の実務に知識経験のあるもの、地方公共団体の連合組織の推薦する者とし、両議院の同意を得て総理大臣が任命し、任期は五年とすることなどが規定されています。業務としては、個人番号利用事務等実施者に対する指導・助言、勧告や命令、報告や立入検査などとなっていますが、これらは第十七条第十一号に該当する場合（刑事事件の捜査等）における特定個人情報の提供や取扱には適用しないことになっています（第四十八条）。

また今回の法案で、罰則の内容が明らかになりました（第六十二～七十二条）。罰則は、個人情報保護法では適用外の保有個人情報五千件以下の事業者にも適用されます。しかしこれら重罰化や対象の拡大をしても、過失や故意ではない漏洩は処罰できず個人情報保護の効果は限定的です。個人番号カードを本人確認書類としてコピーする場合などどこまでが違法とされるかも曖昧で、刑法罰で警察の取り締まり対象にすることは「国家による監視の懸念」を高めるものです。なお個人情報保護の規定は、報道機関・著述業・学術研究・宗教活動・政治活動は適用外とされています（第三十条）。

理由は明らかでありませんが、個人情報保護法の制定時に取材の自由などを妨げる等の批判を受けたことを懸念しての除外であることが個人情報保護WGの論議からうかがわれます（第六回議事録）。

・従事者が正当な理由なく特定個人情報ファイルを提供したときは、四年以下の懲役若しくは二百万円以下の罰金（第六十二条）。
・従事者が個人番号を自己や第三者の不正な利益を図る目的で提供・盗用したときは、三年以下の懲役若しくは百五十万円以下の罰金（第六十三条）。

・情報提供等事務又は情報提供ネットワークシステムの運営の従事者が、その業務に関して知り得た秘密を漏らし又は盗用したときは、三年以下の懲役若しくは百五十万円以下罰金（第六十四条）。
・人を欺いたり暴行・脅迫、窃取、施設への侵入、不正アクセスその他個人番号保有者の管理を害する行為により個人番号を取得した場合は、三年以下の懲役若しくは百五十万円以下の罰金（第六十五条）。
・行政の職員等が職権を濫用して職務以外の用に供する目的で個人の秘密に属する特定個人情報が記録された文書・図画・電磁的記録を収集したときは、二年以下の懲役若しくは百万円以下の罰金（第六十六条）。
・個人番号情報保護委員会の委員・職員が秘密保持義務に反して秘密を漏らしたり盗用した場合は、二年以下の懲役若しくは百万円以下の罰金（第六十七条）。
・個人番号情報保護委員会の命令（第四十六条第二項・第三項）に違反した者は、二年以下の懲役若しくは五十万円以下の罰金（第六十八条）。
・個人番号情報保護委員会の求めた報告・資料提出をせず、若しくは虚偽の報告・資料提出をしたり、職員の質問に答弁をしなかったり虚偽の答弁をしたり、検査の拒否・妨害・忌避をした者は、一年以下の懲役又は五十万円以下の罰金（第六十九条）。
・偽りその他不正な手段により個人番号カードの交付を受けた者は六月以下の懲役又は五十万円以下の罰金（第七十条）。

8　住基カードから個人番号カードへ

今回の番号三法案で、住基カードを廃止し「個人番号カード」に移行することになりました。整備法で住基カードに関する規定（住基法の第五節　住民基本台帳カード）を削除し、番号法で市町村長が「個人番号カード」を交付することを規定しています。また住基法で住基カードを提示することとされていた部分（住民票写しの広域交付、転出入の特例措置、など）は、「個人番号カード」の提示に変更されています。

住基カードは券面に住民票コードを表示していませんが、個人番号カードはマイナンバーを表示することになっています。マイナンバーを相手に伝えない本人確認手段が必要であること、現在の住基カードを全部回収し再発行するのは市町村においては事務負担になることなどの問題で、住基カードを併用する案もありましたが、完全に切り替えることになっています。

レンタル店などで券面に個人番号を記載したカードを本人確認書類として提示させることが認められるか、番号法案では不明です。個人番号の提供が認められる事務を列挙した第十七条には入っておらず、個人番号カードを規定した第五十六条にも記載はありません。

この「個人番号カード」は、市町村が申請により交付するもので、カード記載事項は氏名・住所・生年月日・個人番号・写真・その他その者を識別する事項のうち政令で定める事項となっています（第五十六条）。性別が記載事項から削除されたのは良いことですが、情報連携の前提として基本四情報で個人情報を突合することとの関連に疑問が残ります。また政令で「その他その者を識別する事項」の記載を定めることができ、指紋・顔貌等の生体認証情報の利用が危惧されます。

個人番号カードの交付を受けている者は、転入届の際に提出が義務づけられ、カード記載事項に変更があった時は一四日以内に、紛失時には直ちに届け出が必要で、有効期間満了時には返納しなければなりません。カードの詳細は住基法と同様に総務省令で規定されることになっており、住基カードと同様に市町村が条例によりカードを利用できることになっています。

9　住基ネットの利用拡大と国民管理への変質

この共通番号制度にともない、住基ネットから個人番号を含む本人確認情報が「個人番号利用事務実施者」に提供されることになります（第十一条）。今回の番号制度では、個人番号を利用する行政や事業者は、住基ネットから提供される最新の基本四情報によってみずからの保有する個人情報を更新することが求められています。そのため、住基法の別表が「整備法」により改正されます。

住基ネットは給付事務と資格付与の際の本人確認に使用すると説明されてきました。導入を決めた住基法改正の国会審議では、住基ネットは住民サービスのための制度であり、徴税や犯罪捜査、治安管理などに利用するものではないと答弁されました。現行の住基法で住基ネットを徴収事務に利用しているのは、年金からの介護保険料の特別徴収だけです。しかし今回の改正により、税金や費用の徴収、認定や入所入院措置のような権力行政、患者・対象者管理にまで利用対象が拡大します。住基ネットの目的も、住民サービスから国民を監視・追跡・管理する制度へと変わることになります。

事務の位置づけも、市町村が行う個人番号の指定・通知や個人番号カードの交付事務は、「第一号法定受託事務」になりました（第五十八条）。これは本来国が行う事務を市町村が行うものであり、住基ネットが「自治事務」として市町村の事務であったのとは対象的です。カードも住民サービスのためのカードから、国家が個人を特定するためのカードへと変わります。

住基ネットに対しては、自治体から様々な異議申し立てがされてきました。矢祭町は現在でも住基ネットに接続しておらず、また少なくない市町村の条例では、住基ネットで個人情報の管理に問題が生じた時には首長の判断で接続を停止する規定をしています。「法定受託事務」にしたのは、これらの批判を権力的に封殺するものです。

さらに住基ネットのデータセンターである指定情報処理機関も、「財団法人地方自治情報センター」から「地方公共団体情報システム機構」に移行します。この「地方公共団体情報システム機構」は地方公共団体が出資する「地方共同法人」です。

この機構への移行により、住基ネットから国等の機関への本人確認情報の提供方法が大きく変わります。現行の住基法では、都道府県が国等に本人確認情報を提供することが原則で（住基法第三十条の七（三））、指定情報処理機関にその事務を行わせることができるとなっています。現実にはすべての都道府県が委任していますが、三カ月前に通知すれば委任を解除できることになっています（第三十条の二十六）。長野県が田中康夫知事時代に委任を解除して個人情報保護に責任を持つために県が直接国等に提供する検討をしたことがありましたが、これは住基法では合法でありむしろそれが原則でした。

これに対し「整備法」により住基法が改正され、都道府県は本人確認情報を「機構に通知するものとする」に変わり（改正第三十条の七）、機構が国等の機関に「機構保存本人確認情報」を提供する（改正第三十条の九）ことにされています。機構はタテマエ上は地方公共団体が出資する邦人で、国の機関ではないものの、実質的には本人確認情報は国の意のままに利用できるものになります。

また現在は「公的個人認証」事務は財団法人自治体衛星通信機構という別の組織が行ってきましたが、これも地方公共団体情報システム機構に移行します。「番号生成機関」もこの機構が行います。地方公共団体情報システム機構は国民総背番号制度の中枢を担う組織になっていきますが、現在の地方自治情報センターでは対象外だった情報公開や自己情報コントロールの仕組みがどうなるのかは、「機構法」には書かれていません。

第六章　共通番号制度の問題点

1　番号制度の目的とは何か

そもそも番号制度とは何なのでしょうか。

昨年一二月に私は心臓弁膜症の手術で入院し、二週間後に退院するまで左腕に鑑札をつけられました。鑑札にあるデータは、名前、生年月日、カルテ番号でした。入院中膨大な検査や採血などがありましたが、その都度本人確認がなされました。その際に尋ねられるのは名前であってカルテ番号ではありませんでした。カルテ番号を問われたことは一度もありませんでした。ここが病院と監獄との違いでしょう。監獄では名前は呼ばれず番号で呼ばれます。

しかし、私が仮に「佐藤一郎」という同姓同名が多数この世に存在すると想定されるような名前であったら、名前だけでの本人確認は確実とはいえません。おそらく病院でも名前だけでなく生年月日くらいまでは求められたことでしょう。ところがさらに厳密に問えば、名前、生年月日、性別が同一である人は存在するため、それらの確認でも一〇〇%を達成することはできないのです。そこで番号が登場します。

病院においても口頭では名前による本人確認がなされましたが、システム上では常にカルテ番号と参照されて業務が進行しています。重複付番がなされずに唯一無二の番号が患者に付番できていれば、そこに紐付けされた検査結果や投薬などの様々なデータがカルテ番号によって確実に私のものとして処理されていきます。

医療の場合は本人確認を誤ると死に至る危険性があるため番号による確認が最も確実性の高いものとして利用されています。

こうした個別業務における番号利用はあくまで利用目的は明確であり、限定的なものです。この場合の番合利用はツールであったりインフラとして位置づけることができるでしょう。ところが、個別業務を横断的につなげる番号制度はその意味が全く異なってきます。それが今回の共通番号に見られる番号制度の特殊な性格として現象してくるのです。第三章でも番号制度の歴史を概括しましたが、近代国家は国民管理のためにできるだけ多くの情報を一元的に管理しようとしました。コンピュータテクノロジーの登場は瞬時にデータを収集することを可能とし、番号を使った名寄せによる管理の効率化を生み出しました。

この業務や領域を超えた情報集約を可能とする番号付けを私たちは国民総背番号制として捉え、個別業務番号とは全く異質なものと位置づけています。この番号の特徴は利用目的や利用範囲がその社会のあり方に規定されてくるということです。番号制度が国によって千差万別であるゆえんです。

ドイツはナチスの国家主義による国民管理を反省、総括して、大戦後は個別業務を超えた共通番号という考え方を採用しませんでした。その対極にあるのがスウェーデンや韓国の住民登録番号であらゆるジャンルのデータを管理していこうというものです。

つまり日本が共通番号を導入するにあたって、最も議論されなければならないのは導入目的とその範囲なのです。ところがその部分は曖昧なまま、技術論的な議論ばかりが先行しているのが目に付きます。その理由を考えていきましょう。

1　番号そのものの導入が目的

政府主催の地方シンポジウムでも出てくる議論は「番号制度というのは社会のインフラであり、導入は前提である」というものです。ここには番号制度そのものにはイデオロギー性はなく、それをいかに使うかが問題だ、という論理が潜んでいます。つまり番号制度とその目的、利用範囲は切り離して議論できるという論理です。ここから、まずはインフラとしての番号制度はとりあえず導入しておいて、あとからその目的や利用範囲を決めていけばよいという指向が出てきます。番号そのものの導入が自己目的化してしまうということです。住基ネットの時もそして今回の共通番号についても、どうやら日本における番号制度の導入とはこうした切り離しの上に登場していると言えそうです。「社会のインフラ」だからと言っておけば反対論を放逐することができるという楽観論が、一度住基ネットで懲りているにもかかわらず、また共通番号でも同じ手法を採用しようとしているのです。

ただし今回は当初から「税と社会保障」という冠を付しているところが今のところ功を奏しており、「税と社会保障のためだったらしょうがないか」という住基ネットの時とは異なる民衆意識を醸成することに成功しています。

しかし、「税と社会保障」というのは導入段階での利用範囲でしかなく、二〇一八年には利用範囲の拡大を検討すると現段階から示唆されています。例えば導入段階で「警察が捜査のために共通番号を自由に使います」などと明言したら、共通番号に対するイメージは一変してしまいます。だから番号制度とその目的、利用範囲は切り離して検討してはいけないのです。導入の是非については少なくとも目的と利用範囲を特定して議論すべきであり、導入後にどの範囲を広げるのか明示もせずに拡大することが織り込まれているようなあり方で導入を認めてはいけないのです。それくらい番号制度の導入とは限定付けられたものでなくてはならないのです。

それだけ導入時に厳密性を要求するのには、番号制度の次の二つの性質があるからです。一つはいったん導入されるとそれ以降番号制度に対する監視のトーンが激減するということです。住基ネットは稼動時に国が使える事務を別表で九三事務と限定していました。ところが、二〇〇二年一二月には住基法を改正し二六四事務に拡大していますが、稼動時のような反対論はほとんど起きませんでした。導入時に比べて市民の関心は格段に下がるため、とにかくまずは番号制度を導入しておき、あとはいかようにでも利用範囲を拡大していけばよいという安直な論理につながってしまうのです。

もう一つの性質は、番号制度そのものの増殖性です。かなり明確に限界付けをされていなければ番号制度とは常に増殖していく性質を持っていると私は考えています。巷にあふれかえっているのはその性質を利用した超楽天的な議論ばかりです。番号そのものがまるで磁石のようにそれに吸い付くデータを寄せ集めていく。しかもより新しくより広範なデータを。

この間の考察の中で私はこうした番号制度の性質はほとんど核エネルギーと同型なのではないかということに気が付きました。核エネルギーに対する議論も核エネルギーそのものは価値中立的だが、人間の利用方法によって平和利用と軍事利用に分岐してくる。平和利用の価値を取り出して原発を容認してきた政党もあったくらいです。この論理は先ほどらい私が番号制度について展開してきた論理とパラレルです。しかし、ようやく核エネルギーは人間が管理できる代物ではないのではないか、という最も大切なことに、特に日本においては三・一一という代償を払って気づき出したのではないでしょうか。

私は共通番号制度もこの核エネルギーと同様人間がうまく管理していけるテクノロジーではないと考えています。いったん個別業務の枠を取っ払って領域を開放してしまうと、権力を握っている人間はその力を被支配者に対する監視へと転化させるのが必定です。これは誰にも止めることのできない番号制度の内包している性質だと私は考えます。

だから共通番号制度は封印されなければならないのです。

2 「国民の権利を守る」ことが目的か？

「大綱」の中では共通番号制度の導入理念が次の三点にまとめられています。

第一は「国民の権利を守ること、すなわち社会保障給付を適切に受ける権利、さらには種々のサービスの提供を適切に受ける権利を守ることにある」。

第二は「今回導入される番号制度は、主として給付のための『番号』として制度設計することとされている。そのため、低所得で資産の乏しい等、真に手を差し伸べるべき者に対して、給付を充実させるなど、社会保障をよりきめ細やかに、かつ、的確に行うことが重要であり、そのためにも受益・負担の公平性・透明性を高めようとするものである」。

第三は「番号制度はまずは、公平性・透明性を担保し、もって本当に困っている国民を支えていくための社会インフラであり、国民にとって、そのようなメリットが感じられるものとして設計されなければならない」。

このトーンは住基ネットの時とはかなり異なっています。住基ネットの時はあくまで「便利論」が中心でした。「住民票がどこでも取れる」「引越しの手続きが簡便になる」などが全面に打ち出されていました。しかし今回「便利論」は後景化しています。

共通番号制導入の急先鋒である富士通総研の榎並利博は『共通番号のすべて』（東洋経済新報社、二〇一〇年）の中で、まず共通番号の理念及び哲学をしっかりと打ち立てる必要性を強調します。単なるインフラ論を排している点では賛同できます。そして「共通番号は新しい時代の国家と国民の社会契約」であるとし、共通番号の第一の目的として国民の生命や財産、基本的人権、社会保障等の権利を守ることが上げられています。しかも無駄の削減と利便性の向上はそれに付帯するものとして低い位置に位置づけられています。そしてそこから出てくるのは「個人と個人に付帯する義務・権利とは国が責任を持って結び付けるべきである」（七三頁）という論理であり、「年金・医療・介護の番号を結び付けるのは任意で、各自の責任だという姿勢は絶対に許されないもの」という強制力を持った姿勢です。

この「権利論」には「国家に包摂されない権利」という眼差しは全く存在しません。しかし、権利論としては「国家に守ってもらう権利」と「国家に包摂されない権利」の両方が擁護されなければならないのではないでしょうか。共通番号の選択権が初めから排除されているのは、「国民の権利」として共通番号が設定されているからです。本来は共通番号の便益は必要ないから付番もしないというありようが保障されてしかるべきです。

この権利論が共通番号の最大のトリックかもしれません。便利論より権利論を選択した背景に共通番号の選択制をはなから排除したいという隠された願望があったのかもしれません。

もう一つ見なければならないのは、共通番号は「日本国民」だけではなく「定住外国人」にも付番されるのですが、彼らの権利についてです。さらに住民票コードから共通番号が生成されるのであれば、住民票コードを持たないホームレスの方や住民票が作成されない婚外子などの市民は共通番号が付番されないことになりますが、そういう人たちの権利はいかにして保障されるのでしょうか。残念ながら推進側の権利論にはそうした議論は全く見受けられません。

3　限界付ける考え方も出てはいる

野村総研の上級研究員である安田純子は、「社会保障から見た〝番号〟制度への期待」（ＮＲＩパブリックマネジメントレビュー二〇一〇年五月）という論文の中で、次のように述べています。

「わが国で、これから新たに〝番号〟制度を導入するにあたって、将来にわたり有効に活用される仕組みをつくるためには、確固たる『グランドデザイン』が重要である。すなわち、いま、なぜ番号〝制度〟が必要となってきたのかを踏まえ、何のために、どのような効果をねらって番号〝制度〟を入れるのかを、きちんと方向付けておく必要がある」。

グランドデザインの構築は是非とも必要であり、それをめぐって議論されるべきであるため、その方向性は現在の議論に最も欠けているところです。まさに私たちが主張してきたことです。そして安田は外国の事例なども参照しながら、同じ論文で次のような重要な結論を導き出します。

「ここまで、何のために〝番号〟制度を導入するかについて整理してきたが、実際には、〝番号〟制度がなければできないことはほとんど存在しない。多くのことは、手間やコストをかければ、〝番号〟制度がなくてもできるが、〝番号〟制度があった方が、手間やコスト、そしてエラーが少なくて済むことが多い」

安田は目的や範囲をグランドデザインとして描くことの必要性を提起し、それに基づいて分析を進めると当然のように番号制度がなくても大丈夫という結論に辿り着きます。ところが、ないよりはあった方がよいというレベルで番号制度の導入を是とし、「一定の情報管理リスクが生じる領域については、本人が希望した場合に限り利用できる領域（選択的利用）として余地を残すような設計をしておくことが得策である」と「権利論」からは決して出てこない「選択的利用」論を提起しています。

せっかく番号制度におけるグランドデザインの必要性とその限界について論じようとしたにもかかわらず、最終的な番号ありきの姿勢は他の推進論者と変わらず、番号制度導入の際のリスクやデメリットを詳細に検討して比較考量することを怠っています。

しかし、こうした論者も含めて推進論の間にもバリエーションが存在するのですから、きちっとした基本的な議論を行ってほしいものです。

2　所得の把握はできるのか

これまで番号制度の根源的に持っている性質を中心に論じてきましたが、視点を変えて当面の共通番号の導入目的が税と社会保障の二領域となっているので、その領域において共通番号が必要なのかどうか検討していきたいと思います。

まずは税の問題から。

1　所得の把握はできるのか

現在進められようとしている税と社会保障の一体改革は歳入と歳出の適正化を進めることが主要な目的であると言われています。歳入については税と社会保険料についてはいずれも所得に基づいて算出されていますが、これが厳密に把握されていないという問題意識から納税者番号制の導入がこれまで様々な形で模索されてきました。

クロヨン＝九（サラリーマン）、六（自営業者）四（農家）であるとかトーゴーサンピン＝一〇（サラリーマン）、五（自営業者）、三（農家）一（政治家）と俗に言われる税の捕捉率のたとえがありますが、この是正が共通番号によって可能となるという幻想はなくなりました。「大綱」そのものが以下のように捕捉の限界を認めたからです。

「例えば、全ての取引や所得を把握し不正申告や不正受給をゼロにすることなどは非現実的であり、また、『番号』を利用しても事業所得や海外資産・取引情報の把握には限界があることについて、国民の理解を得ていく必要がある」（一九頁）

これまでは納税者番号制度を導入すればほぼ一〇〇％所得を捕捉できるかのごとき説明がまかり通っていました。それに比べて所得捕捉一〇〇％のウソが明らかになったこと自体は一歩前進と言えるでしょう。

自営業者の収入については、売買の際に番号を提示して自営業者の申告と消費者の購入データとをマッチングしないと一〇〇％事業所得を把握することは不可能です。しかし、経済効率性から考えてもこどもが駄菓子一つ買いにいっても番号を提示しなければならないシステムにすることは非現実的です。

韓国では自営業者の事業所得の捕捉率をあげることを目的としてクレジットカードによる売買の奨励と「現金領収証」制度を導入しています。クレジットカードによる売買のデータはクレジット会社を経由して国税庁に送られ、自営業者の所得を把握する仕組みになっています。一方、消費者はクレジットカードの利用金額に応じて所得控除が受けられる仕組みになっています。さらにクレジットカードを利用しない消費者については「現金領収証」というシステムを二〇〇五年に導入しています。これは消費者が住民登録番号や携帯電話番号を告知することでその求めに応じて現金領収書が発行されるものです。売買データのやり取りの仕組みはクレジットカードとほぼ同型です。個別の売上金額は国税庁に送られ、消費者は現金領収証を申告することによって所得控除が受けられる仕組みとなっています。

つまり事の当否は別にして、こうした所得申告と控除のシステムを変更するか、さもなければ、現行のシステムで基本的には把握が十分なされているとしてシステム変更を考慮しないか、のどちらかでしょう。決して番号制度導入によってサラリーマン以外の所得捕捉率が高まることはありません。そもそも日本の自営業者が事業所得の捕捉率の低さのために大儲けしているとは考えられません。問題は所得の圧倒的に高い事業者から適切な税を取ることができていないことにあるのではないでしょうか。これは後述する税制そのものの問題です。

しかし、これでは共通番号導入の大目的である所得の厳密な把握という大義名分は消失してしまいます。それでは所得把握は一体どうなるのでしょうか。

「大綱」では税務署に申告する申告書や法定調書に共通番号を記載することで名寄せが可能となり、所得把握の制度が向上するとしています。今回提示されている税に関する共通番号の適用範囲はここまでに限定されています。ところが、この範囲では効率化されるのは税務署の業務であり、所得把握の精度の向上というのは高々被扶養者が適正かどうかという程度のものにすぎません。被扶養者にも番号が付されるため、これまでできなかった同一世帯の名寄せによって被扶養者の所得控除が正しいかどうかは明らかにできます。しかし大局的に見てその程度の所得把握の精度の向上をもってして導入の大義名分とされたのではたまったものではありません。

2　現在の税制と共通番号制度

問題は現在の税制を抜本的に改革しないで小手先の消費税増税とそのための共通番号導入が語

られていることにあります。ここでは税制の複雑な構造を詳細に議論することは目的ではありませんから、現在の税制の基本的問題点とその際の共通番号の不必要性の提示にとどめたいと思います。

第一に、所得税の累進性の緩和の是正があります。

所得税の累進性は所得の再分配機能があると言われています。日本の所得税の最高税率は戦後かなり大きく変わってきています。一九八六年までは七〇％であったが、一旦三七％まで下がり、二〇〇七年では四〇％（課税標準一八〇〇万円以上）になっています。中高所得者の勤労意欲を削ぐという理由から九〇年代以降最高税率は低く抑えられました。しかし、これによって所得の再分配機能が低下してきて、格差の拡大につながったことは否めません。まずは累進性を強化することが必要です。

この点については共通番号は直接関係ありません。

第二に、総合課税化への展望があげられます。

そもそも日本の税制は様々な種類の所得を総合的に課税するシャウプ勧告に基づいて構築されていました。ところが利子所得などは二〇％の源泉分離課税が例外として租税特別措置法によって規定されると総合的な課税から外れていきました。株の配当所得も分離課税を申告すれば合算されないで済むことになっています。こうして日本の所得税制は総合課税という制度を骨抜きにする歴史を辿ってきたと言えるでしょう。これもやはり高額所得者にとっては累進性を緩和する効果を持ちます。所得税の最高税率は低いといわれていても現在でも四〇％あるのに対して利子所得は源泉分離課税でその税率は二〇%を超えることはありません。総合課税化が税制改革として全く俎上に上らないということはまさに金持ち優遇策を放棄していないということの証左ではないでしょうか。

仮に総合課税を実施するとしたら納税者番号が必要になると言われています。確かに様々な種類の所得税や他の資産なども総合的に課税していくとしたら何らかの番号付けが必要になるでしょう。しかし、それが税というジャンルを超えた共通番号である必然性はありません。税情報の総合化という業務限定番号での対応は十分可能です。ただし、金融資産や不動産などの課税も総合的に実施しようとするとその番号は民間にまで流通せざるをえず、慎重な検討が必要になってきます。

3　給付付き税額控除に共通番号は必要か

前項で検討した税制の高額所得者優遇の抜本的是正を実施せず、現在検討されているのが消費税のアップと給付付き税額控除です。デフレで景気後退局面に消費増税を行うことに対する懸念は様々な方面からも指摘されています。ところが、膨張する社会保障費を目的限定で工面していくという名目で消費税を五%上げようとしています。累進課税の原理からは逆行する消費税を増税することは先ほどらい検討してきた累進性の強化とは相容れないため、その目的がたとえ社会保障限定であっても基本的には賛成することができません。

民主党政権が消費税アップの逆進性を緩和する措置として提示しているのが給付付き税額控除

という「負の所得税」と呼ばれるシステムです。給付付き税額控除とは、所得税額から税額控除を行い、所得が低く控除額が収めた税額を上回る場合、その差額を給付するという制度です。これまでは減税を実施しても収めた税の例えば二〇％が年末調整や確定申告で還付されますが、課税されない人についてはその恩恵を被ることができませんでした。そこで登場したのがマイナスになった分を「給付する」という社会保障的側面を取り入れたシステムです。

日本でもここ数年、新自由主義的改革を通して明らかに格差の拡大が進んでいます。そのために非正規労働者となった若者の年収は一〇〇～二〇〇万円程度でちょうど生活保護と中間的賃金層のはざまに位置し、何の社会保障も享受できず苦しんでいる、だからその「ワーキングプア」層をターゲットとした税と社会保障を一体化した給付付き税額控除を実施しようという側面があります。この「給付」の考え方というのは「ベーシックインカム」の流れの中に位置づけて論じようとする方も見受けられますが、その議論は別に慎重に行う必要があり、ここでは取り扱いません。

今回出てきた給付付き税額控除は共通番号制度の議論においても途中で見えなくなり、再度消費税増税がクローズアップされた途端に再浮上したところを見るにつけ、消費税の逆進性の緩和策として利用されているふしが強いご都合主義的な臭いを感じざるをえません。そして給付付き税額控除には共通番号が必須であると説明されています。つまり、非課税世帯は税務署に申告しないのだから所得を把握できておらず、この制度を適用できないため、まずは番号を使って所得把握を行う必要があるという論理です。

ところがこの論理には大きな欠陥が潜んでいます。非課税世帯の所得把握は番号付番によって自動的にできることではありません。当然、非課税世帯に所得申告をしてもらわねば把握はできないはずです。そして給付を受けるとしたらいずれにせよこれまで行ってこなかった非課税世帯の「確定申告」の必要性が発生します。共通番号で解消できることではないのです。この事態に対して推進側が全く配慮していないとプライバシーインターナショナルジャパン（ＰＩＪ）の石村耕治は以下のように警鐘を鳴らしています。「注意しないといけないことは、給付付き税額控除を制度化するとしても、路上販売者や転職を繰り返している人たちなどをも含め、働いても貧しく職を転々としている人たちに対する確定申告をする習慣を身につけさせる納税者教育もあわせてしないと、給付付き税額控除を導入しても、うまく機能しないおそれがあります。」

国税庁が社会保障的給付まで行うとしたら、国税庁の抜本的改革が必要であることもあわせて石村は提言していますが、残念ながらこうした問題を推進側が真摯に検討しているということを聞いたことがありません。

4　納税者番号としてどこまで機能させるのか

「大綱」で打ち出された税分野に対する共通番号の利用が税務署に提出する申告書や法定調書への番号付番に止まっていることは既述しましたが、もしこの段階で終わるのであれば納税者番号としての利用であるとも言えません。おそらく共通番号の導入段階ではここで止めておき、その後何段階かに分けて利用拡大していくものと想定されます。このグランドデザインを提示せず、拡大していく手法を私たちは最も批判しているのです。特に本格的な納税者番号制度として利用が拡大されれば民間における番号の利用頻度も範囲も格段に広がっていくはずです。導入時点では民間の広範な共通番号利用を市民には隠しておき、導入後に一挙に民間に拡大していくという手法が考えられているのだとしたらアンフェアーであるとしか言いようがありません。

事実さきほど紹介した富士通総研の榎並利博は「納税者番号を適用する範囲と手順」として四段階を提示しています。榎並の税制に対する議論はかなりしっかりしたものとなっているので、この四段階どおり国が拡大していくとは考えにくいのですが、納税者番号として共通番号を利用するのであれば、検討しておかねばならないビジョンでしょう。

第一段階は「大綱」どおりの所得の申告書、法定調書への付番です。第二段階は金融資産への付番です。銀行の口座、保険などを含む金融商品、株や債権などすべての金融資産に付番します。彼はこうした付番を通じて総合課税を展望していますが、おそらくそれは採用されないでしょう。第三段階は個人事業者が行う仕入・売上という商取引への番号適用です。先述の韓国のようなクレジットカードや現金領収証を利用すれば捕捉率は格段に上がるだろうと指摘します。そして最後の第四段階では固定資産（土地や家屋）への番号適用です。

ストックにいたるまで総合的に課税していくことに基本的には賛成ですが、まずは番号制度の問題ではなく税制の問題としてグランドデザインがしっかりと描かれ、そのために納税者番号としての利用が必要であるという展開ではなく、まず番号を共通番号として決めてしまう乱暴な議論は是非とも止めていただきたいものです。

3　社会保障での利用の問題性

二〇〇九年度において社会保障給付費総額は九四・一兆円です。この数字は国の一般会計の歳出予算の総額に匹敵するものです。実際の歳出予算の中で社会保障関連費は二八・七兆円しか割り当てられていないため、市民が支払う社会保険料と自治体の一般会計そして最も大きいのがおよそ四〇兆円に達する公債金収入（国債など）に依存していることです。こうした借金に頼らざるをえない構造になったのは、高齢者の割合の増加に伴う社会保障給付費の増大と逆に不景気によって減少する税収だと言われています。

こうした深刻な財政問題を解決する方法論として税と社会保障を一体的に捉えて解決策を見出していこうというのが税と社会保障の一体的改革だったのです。つまり税と社会保険料という歳入についてはいかにそれらを増やしていけるのか、そして歳出としての社会保障給付費についてはいかに削減していけるのか、という観点から改革手法が検討されているわけです。

1　総合合算制度と社会保障個人会計はコインの裏表

ところが共通番号導入の一つの目玉として宣伝されているのが社会保障における「総合合算制度」です。「大綱」には「低所得者対策として、医療・介護等に係る自己負担を抑制するための「総合合算制度（仮称）」を導入することも可能となる。その結果、真に手を差し伸べるべき者に対する社会保障の充実や、負担・分担の公正性の確保、各種行政事務の効率化が実現できる」と共通番号があたかも給付の充実につながるかのごとき記述が見られます。

各種の社会保障の自己負担を合算するには共通番号が必要であるという論理ですが、自己負担を抑制するためには公的負担を増やさざるをえませんが、その財政的裏づけについては全く出てきません。こうした推進側の論理のおかしさを端的に指摘しているのが開業医の職能団体である保険医協会です。すこし彼らの主張に耳を傾けてみましょう。

彼らは「総合合算制度＝社会保障個人会計」であると喝破しています。この社会保障個人会計とは何でしょうか。保険医協会のまとめた「社会保障個人会計」から主要な点を抜粋させていただきます。

社会保障個人会計とは、管理された過去の保険給付や負担に関わる個人情報をもとに、個人の生涯の給付と負担が確認できる仕組みであり、政府・厚労省は二〇〇一年に閣議決定された「骨太二〇〇一」において、個人レベルでの社会保障の給付と負担が分かる社会保障個人会計の構築を目指すとしていました。日本経団連も二〇〇四年に「社会保障制度の一体的改革に向けて」において社会保障個人会計の導入を提言しています。経団連などの経済界が提案しているのが給付抑制策では「限度額管理」、負担増加策では「公費分の回収」という二つの対策です。

「限度額管理」とは、社会保険料の負担に比べて、社会保障給付を使い過ぎている人には、給付に一定の限度額を設定したうえで、給付が限度額を超えた場合は、超過分を一定期間繰り延べ、あるいは他制度からの余剰額を付け替えるという給付抑制策です。「公費分の回収」とは、個々人が負担した保険料と受けた給付を死亡時に精算し、給付が超過した場合はそれを公費負担とみなし、遺産・相続財産から回収することや、単年度毎に、受けた給付に含まれる公費負担を確認し、その公費分を回収する過酷なまでの負担増加策です。社会保障個人会計の受け皿として「医療貯蓄口座」の導入まで提案されています。

そして経済界の最も大きな狙いは公的給付を超過した部分を市場化することです。特に生命保険業界や健康産業などは公的給付を限定することで足りない部分を広大な市場として期待しています。

昨二〇一一年一二月に受けた私の心臓弁膜症の入院・手術代の請求書が送付されました。保険適用ですが三割負担で約三〇〇万円でした。ということは総額は一〇〇〇万円ということです。本来なら三〇〇万円をいったん負担しなければなりませんが、現在は健康保険組合に事前に「負担限度額証」を発行して病院に提出していれば、その人の所得に応じた高額医療費負担免除のシステムがあり、病院に支払ったのは食事代も含めて一一万円でした。つまり医療総額に対して自己負担は約一%ということです。もし社会保障個人会計が導入されれば、私は他の公的社会保障がほとんど受けられない、さもなくば死んで遺産から相殺されるという恐ろしい状況を招くということではないのでしょうか。

こうした事態になれば、貧乏人は高度医療を受けられなくなってしまいます。もしくは多少ゆとりのある人は多額な保険をかけることになるでしょう。医療の市場化を活性化することにつながっていくのです。

こうして「総合合算制度」は単に共通番号導入のお題目でしかなく、真の狙いは社会保障費の抑制と市場化にあることは明らかです。

2　狙いは自己責任論の拡大と市場化

さらに保険医協会は番号制が「医療ＩＴ戦略」と連動しており、「管理医療」の完成につながると指摘しています。

現在医療ＩＴ戦略のメニューとしてＰＨＲ（Personal Health Record）＝医療情報のビジネス活用

⇩「どこでもＭＹ病院構想」とＥＨＲ（Electric Health Record）＝電子カルテ等の一元管理と共有

⇩「地域医療情報連携」をあげています。

これらによって自己の医療・健康情報に基づき適切な治療が受けられる。また災害時にも役に立つと宣伝されています。特に共通番号の「大綱」では災害時に役に立つことが誇大宣伝されています。

まず「管理医療」の問題点ですが、疾病・健康管理の自己責任論の拡大によって社会保障の概念が「自助」優先に矮小化されることになってきます。これは公的医療の範囲を狭めていくのには好都合でしょう。さらにセンシティブな医療・健康情報の一元管理は民間の市場化を招来すると同時に情報漏洩のリスクを格段に高めます。

災害時の問題はこうした医療ＩＴ化を行い共通番号付きのＩＣカードを配布したとしても、電気や通信等のインフラが消失してしまえば全く利用できないということにあります。そこを抜かして抽象的な便利論ばかりが目立ちますが、具体的な利用方法をきちっと展開してほしいものです。

3 なぜ「申請主義」から「お知らせ主義」への移行なのか

さて、社会保障等における給付はほとんどが現在所管官庁への「申請」を行わなければならないシステムになっています。この「申請」には添付書類なども必要で制度が複雑だとそれが理由で申請しない弱者も少なからず存在する、だから共通番号で名寄せし、給付に該当するか否かを自動的に算出し、自動的に給付を指定口座に入金してその結果が「お知らせ」として通知される「お知らせ主義」への移行を図るべきだと言われています。

社会保障給付には複雑な受給要件があり、このような自動給付が可能であるかは疑問です。可能だとしても、そのためにはプライバシー情報を洗いざらい行政に提供しなければなりません。しかし、果たして自動的に給付されてお知らせが届くことが望ましい姿なのでしょうか。確かに制度が複雑で理解ができずに申請しないことによって給付を受けられなかったというケースも存在することでしょう。

それでも私は「申請」という行為を「権利」行使として必要な行為として捉えます。無論その制度に対する様々な情報提供は市民に対して適切になされるべきでしょう。その上で公的給付を受けるということは国や自治体に対する権利行使であるので、自動的に行われるべきではありません。

第一に、制度を理解しなければ申請という形で権利行使ができません。つまり、その制度が社会保障として本来あるべきものなのかどうか、もしも妥当な制度でなければ変革に向けたパワーが必要です。ところが、自動的な給付の場合だと制度そのものに対する理解へのモチベーションが低下してしまい、仮にその制度がおかしなものであったとしても変えていくことができません。これは税で言えば、源泉徴収とパラレルです。サラリーマンは会社で源泉徴収されるために所得税に対する認識が低い場合が多いと言われます。それは何の苦労もなく、税務署に出向いて確定申告する必要もなく税の過不足が自動計算されてしまうので制度そのものへの関心が薄れてしまいます。そうした無関心は自分の支払っている税がどういうふうに使われているかということにも無関心となり、ひいては政治に対するアパシーにつながっていきます。

基本的には社会保障の受給者が自ら申請する仕組みがないと、税の源泉徴収のようなシステムそのものに対する無関心から改善への回路が絶たれてしまう危険性があるのです。

第二に、給付内容や給付額が誤っていたとしても、自動給付の場合検証するケースが稀になってきます。制度理解が必要とされる申請の場合の方が誤りに気づく割合が高いでしょう。

共通番号による自動給付＝お知らせ主義は給付漏れをなくすとともに受給者の手間を省くという点で「申請主義」を改めて「お知らせ主義」に移行すべきことが強調されています。「申請主義」はあたかも前時代的害悪のような扱われ方をしていますが、決してそうした認識が正しいものなのではなく、「申請主義」こそ民主主義を発展させていくための訓練の場であると私は考えています。

4　外国におけるなりすましや大量漏洩

最近の住基ネット関連の報道を見てみると一〇年前の稼動時点より圧倒的に記事は減ったが、その中でも割合の高いのは住基カード偽造によるなりすまし事件です。住基カードの取得率はいまだに五％程度であるにもかかわらず、なりすまし事件が多発しているとすれば、共通番号の券面表記されるＩＣカードになったらどういう事態が想定されるのでしょうか。アメリカ、韓国、そして国民ＩＤカードを廃止したイギリスの事例を以下に紹介してみましょう。

1　なりすまし天国＝アメリカ

アメリカでは一九三六年に社会保障番号（ＳＳＮ）が社会保障管理のために導入されました。しかし徐々にその利用は拡大され、一九六一年には連邦議会が納税者番号としての利用を認可してしまいました。またＳＳＮは行政分野の利用に限定されず、民間においてもほとんど規制されることなく利用することができました。一九七四年に連邦プライバシー法という規制法を策定しましたが、その対象は公的機関に限定されており、民間分野については未だに包括的な規制がなされていません。アメリカにおける個人情報保護は、公的分野における濫用を防止するという考え方が強く、民間利用については逆に制限しないという作風が根付いているからだと考えられます。そのため、様々な日常生活においてＳＳＮの提示や記入が身分証明として求められることになります。それは当然他人の番号をなりすまして使用する犯罪の温床ともなり、近年その氾濫に頭を痛めているのが現状です。以下に三つの具体例をあげてみましょう。

最初は二〇〇六年九月ネバダ州で起きた年金及び医療給付の不正受給事件です。退職した警察官のSSNを不正利用し、退役軍人省が提供する年金や医療給付金等約九万ドルを不正受給する事件が起こりました。なりすましの罪で起訴されています。

二つ目も行政分野ですが、二〇〇七年一〇月にルイジアナ州で起きた失業給付金の二重受給事件です。ハリケーン・カトリーナの被害者として、ルイジアナ州の労働省から、毎週失業給付金を受給する資格を持つ者が、二〇〇五年一一月以降、自己のSSNで正当な申請を行うとともに、同じSSNの最後の桁を変更して重複申請し、同給付金を二重に受給していたという事件です。不正受給総額は三七〇〇ドルを超えるようです。電子通信手段を用いた詐欺及びなりすましの罪で有罪判決を受けています。

最後は民間分野ですが、二〇〇八年五月、カリフォルニア州で起きた事件です。カリフォルニア州の女性が、二〇〇七年七月から一一月にかけて、自分の氏名、偽造したID及び盗難したSSNを使って銀行口座を開設し、さらに偽造小切手でこの口座への振り込みを試みた行為について、銀行詐欺及びなりすましの罪で有罪判決を受けました。

2　韓国では最近四年間で国民一人当たり二回以上住民登録番号が漏洩

韓国の住民登録番号は一九六八年、パクチョンヒ政権の時に北朝鮮のスパイ摘発という極めて治安対策の濃い目的のために導入されました。住民登録証も八〇年には一七歳以上の全国民に常時携帯義務を課しました（現在ははずされています）。韓国ではビデオレンタル店の登録にもインターネットサイトの年齢認証にも住民登録番号が必要となっていて、生活のあらゆる機会に利用されています。

二一世紀に入ってからは金大中政権が国家戦略として世界最高水準の電子政府を構築する計画を立案し、その後の政権もほぼそれを踏襲した結果、近年の電子政府ランキングでは世界一位と評価されています。日本の電子政府推進論者はそうした韓国の姿が羨ましくてしょうがなく、いたるところで韓国の先進性が宣伝され、「韓国を目指せ」と連呼されるようなありさまです。その特徴は徹底した行政情報の共有化、そして市民がインターネットを通じて行政サービス申請とその処理状況の確認ができる仕組みを構築している点にあります。住民票も自宅のパソコンでプリントアウトできるようになっています。確かに日本の行政効率化を重視する考え方とは異なり、市民の利便性が全面に打ち出されているようです。

ところが、考えられない情報漏洩が二〇一一年に起こっています。

同年八月に韓国のSKコミュニケーションズは運営する大手ポータルサイト「ネイト」とソーシャルネットワーキングサービス（SNS）「サイワールド」がハッキングを受け、両サイトに登録している加入者の名前、住民登録番号、電子メール、パスワード、電話番号などが流出したと発表しました。流出した個人情報は約三五〇〇万人分に上ると見られています。

さらに一一月には人気オンラインゲーム「メープルストーリー」のサーバーがハッキングに遭

い、会員一三〇〇万人分の個人情報が流出しています。韓国メディアは「たった四カ月単位で大規模流出事件が起きた」とし「過去四年間で外部に漏れた国内インターネット利用者の個人情報は一億一九〇〇万件に上る。国民一人当たり二回以上被害を受けたことになる」と指摘しています。

この事態に対して韓国の市民運動グループである進歩ネットワークセンターは「事実上、全国民の住民登録番号が流出したと見てもかまわない」と判断し、「希望する人には住民登録番号を再発行しろ」という要求を発表しています。この要求に対して韓国政府がどのように対応するのかはっきりしていませんが、仮に日本で全国民の住民票コードが流出したとすれば、番号の再発行どころではなく、システムそのものの存廃にまで議論は波及すると考えられます。

韓国の番号流出事件は、番号の秘匿性を低くし、より広く流通させていく番号の行く末を暗示しているようで、まさに日本の共通番号の未来を案じさせるものではないでしょうか。

3　イギリスは国民ＩＤ番号カード制を廃止

イギリスは二〇〇六年に当時の労働党政権がＩＤカード法を制定して、ＩＤカードを全国民に配布しました。ところが二〇一〇年五月に行われた総選挙で労働党が敗退し、保守党と自由民主党との連立政権が発足するとその廃止を発表しました。まさに日本とは真逆の道を歩もうとしているのです。その詳細についてはプライバシーインターナショナルジャパン（ＰＩＪ）の発行しているＣＮＮニューズ六二号に掲載されています。

連立政権の協定第三「市民的自由」では、前労働党政権下で弱体化された市民的自由の回復のために次のような政策が盛り込まれました。

(1) ＩＤ番号カード制の廃止、国家身分登録台帳の廃止、及び次世代型生体認証式パスポートの導入撤回。

(2) 監視カメラの乱設規制。

(3) 保護者の許可なしに学校で子どもの指紋採取の禁止。

ジョージ・オーウェルの『一九八四』は一九四八年に書かれたイギリス社会の未来像です。そこには監視カメラがあふれていました。まさに最近までのイギリス社会はオーウェルが描いたとおりの社会になりつつありました。

しかし、政権交代によってその未来像には修正が加えられました。政権交代とは本来こうしたものなのではないでしょうか。市民がどのような社会のありようを選択するのかが、政権選択だからです。

日本も自民党が敷いてきた管理・監視社会の強化を政権交代によって抜本的に改革しなければならなかったのです。住基ネット廃止法案を四回も上程した民主党は共通番号を推進してはいけないはずです。再度内部の論理矛盾を見つめなおし、共通番号の再考をしてほしいものです。

日本は韓国を見習うのではなく、監視社会を見直したイギリス社会にこそ、その理想を求めてほしいと切に思います。

5　住基ネットに依存する共通番号制度の問題

1　基本四情報による紐付けは可能か

共通番号制度による情報連携は、住基ネットの基本四情報と情報保有機関の管理する基本四情報を、常に正確に一致させることによって保証されています。その意味では、じつは基本四情報こそが真の連携コードとなっているとみることもできます。しかしこの連携方法には多くの問題があります。

そもそもこの共通番号が必要という考え方が出てきた理由として、基本四情報による照合では確実に同一人であることが確認できないから、ということがありました。たとえば住民票コードを利用した共通番号制度を主張する『共通番号（国民ＩＤ）のすべて』（東洋経済新報社）で榎並利博さんは、自治体向けのシステム開発に従事してきた経験から、氏名について次のように問題を指摘しています。

「ふりがな」で照合しようとしても、戸籍にも住民票にもふりがなの登録はなく法的に「正しいふりがな」はないため照合できない。漢字で照合しようとしても、戸籍や住民基本台帳に記載されている漢字は標準化されたＪＩＳコード体系では表現しきれずに特殊な漢字コード体系で表現されている。さらに戸籍統一文字の漢字コード体系と住基ネットで扱われる漢字コード体系も統一化されていない。コード化不能な漢字は住基ネットではイメージ（画像）として管理されており、戸籍も俗字など約五万六千種類の漢字をあつかい、いずれも通常のコンピュータシステムでは扱えず照合できない。さらに漢字にはJISコードそのものにも「包摂基準」と「字形変更」という問題がある。たとえば「一点しんにょう」と「二点しんにょう」は一つのものとして包摂して漢字としては一つのものとみなしているが、戸籍や住民基本台帳では別の字として扱っている。またたとえば葛飾区の「葛」はJISの制定年度によって字形が異なるが、戸籍や住民基本台帳では別の漢字として扱っている。その結果、「日本人氏名の漢字表現は、コンピュータシステムでは必然的に『揺らぎ』を持ってしまう。この『揺らぎ』を認めず、厳格に照合しようとすると、行政実務のあちこちで問題が起きてくる」(四七頁)。

二〇一二年七月からは外国人登録制度が廃止されて住民登録に統合されますが、外国人の氏名の表記や通称名の問題もあります。

問題は氏名だけではありません。住所の表記も申請内容によって情報保有機関でまちまちに管理されています。たとえば緑風町一―二―三都営緑風アパート一〇一と、緑風町一―二―三―一〇一都営緑風アパート、緑風町一―二都営緑風アパート三―一〇一などは、目で見れば同一住所と推測できますが、コンピュータでは別データとして扱われます。アパートの肩書を省略している場合もあります。「字」が表記されているか否かや、この一〇年間の市町村合併で市町村名そのものも大きく変わるなど、一致させるのは容易ではありません。

生年月日についても、情報保有機関が管理する生年月日情報には、年金記録問題で明らかになった入力ミスのほか、年齢を偽って就労したりということのために、住基ネットの元となっている住民票情報とは異なる生年月日が記録されていることがあります。

そもそも情報保有機関がすべて四情報を記録しているとは限りません。社会保険では住所の管理は厳密には行われていません。性別も性同一性障害の方から問題提起をうけ、公的書類から不要な性別欄の削除をすすめる自治体も増えており、四情報での照合を前提とする考え方は、人権に配慮する動きにも反するものです。

このような基本四情報の表記の「揺らぎ」問題は、共通番号制度に基本四情報を提供する住基ネット側でも認識されています。総務省が設置している住民基本台帳ネットワークシステム調査委員会は、共通番号制度を踏まえた住基ネットのあり方について検討を行い、平成二三年六月三〇日に「中間論点整理」をまとめていますが、その中では、最新四情報で一致させる努力をしてもなお突合しない場合があり、結局は利用者に確認や変更申請を求めるしかないことが指摘されています。さらに、情報保有機関が有する四情報は揺らぎが多く、住基ネット側が複数候補を示すなどの工夫をすることや、複数候補を示すことで間違った紐付け（別人を同一番号に紐付け）が行われることと、厳格にやりすぎて紐付けが行われないこと（同一人を別人と認識して紐付けできず）とのバランスをとる必要がある、との意見も出されています。

実際、基本四情報での突合を厳格に行うと、後述する年金記録での照合のように、大量に不一致がでてしまいます。逆に照合をゆるやかにやると、別人を同一人と誤認する危険があり、実際にそのような問題が起きています。

二〇一一年一〇月一七日には埼玉県久喜市で、国民健康保険税の滞納分として同姓同名で生年月日も同じ別の女性の生命保険を誤って差し押さえ解約する事件が報じられています。二〇〇九年三月一八日には大阪市梅田市税事務所が、同姓同名で生年月日も同じ別の女性が同じ銀行支店に普通預金口座があったために、市税滞納者と誤認して預金を差し押さえる事件が報じられました。これらはいずれも住所は違っていましたが、担当者が転居した等と思い込んでの処理でした。

基本四情報での同一人確認は不十分だから、という理由で必要だとされた「共通番号」が、じつは基本四情報での突合による同一人確認に依存するというのは、今回の共通番号システムのもつ矛盾です。

2　年金事務にみる基本四情報による突合の困難

(一)　現況届の廃止では、二割のデータが不一致

二〇〇六年一二月から国民年金受給権者の現況届の提出が原則廃止されました。現況届とは、受給者の生存を確認するために誕生日の前月に確認はがきを送り、五〇円切手を貼って返信するものです。以前は市町村の窓口で確認が必要でしたが、現在は記入して返信するだけになっています。これを住基ネットと年金システムとの間でデータ連携により、提出を不要にするというものです。

もともと二〇〇二年八月に住基ネットが稼働した時の九三の利用事務の中には、地方公務員共済年金や恩給はありましたが、国民年金での利用は入っていませんでした。いま政府は住基ネットのメリットとして国民年金での現況届の廃止を強調していますが、国民年金での利用は、二〇

〇二年一二月の法改正で二六四事務に拡大した時に追加されたものです。当初の利用事務から除かれた理由は不明ですが、住基ネットを推進してきた百崎英元自治省事務次官は、反対の強かった住基ネットでそこまで利用事務を広げると法律の成立が危ぶまれるので、限られた事務でスタートしてあとで拡大するつもりだったと、自治体向けの講演会で述べていました。

一連の年金と社保庁改革について、二〇〇六年に「やぶれっ！住基ネット市民行動」で社会保険庁に質問をし回答を得ました。それによれば、現況届廃止の事前準備として社会保険庁（当時）保有の年金の個人情報（氏名、性別、生年月日、住所）と住基ネットの情報を突合して、同一人と確認できた者の住民票コードを年金の受給者情報に付加する作業を行っています。その結果、年金の基礎年金番号及び年金コードと住民票コードの対照表である「住基情報ファイル」が社会保険庁に作られました（現在は厚生労働省年金局事業企画課で管理）。

住民票コードを確認できた人については、住民票コードにより住基ネットに照会して現況確認を行うことで現況届は廃止されました。住民票コードを確認できなかった人や住基ネット不参加自治体住民、外国人登録者、外国に居住し年金を受けている人は、従来どおり現況届での確認を行っています。なお加給年金の対象者や障害年金の受給者は、それぞれ「生計維持確認届」「診断書」の提出が引き続き必要です。

しかし現実には、全体の二割にあたる約六〇〇万人にのぼる受給者が、この住基ネットと年金受給者情報の突合に失敗して、従来どおり現況届の提出が必要になることが明らかになりました（二〇〇六年一一月一日産經新聞）。二〇〇六年三月末現在の全受給者（約三一八〇万人）の情報を住基ネットの個人情報（住所、氏名、年齢、性別）に照会したところ、約二五八〇万人が住民票コードと合致しただけだったとのことです。不一致の主な原因は、住所の字名などの表記違いや氏名の新字体と旧字体の違いなどのほか、年金の受給では実際に暮らしている「居所」を届けるため、住民票の住所と異なる老人ホームや子供の家などで暮らす人も照合ではじかれました。照合できなかった人は今後も現況届の提出が必要になり、社保庁は現況届のはがきに「住民票コード」の記載欄を設け、受給者に記載を求めて照合を進めています。

今回、共通番号制度で基本四情報の突合を行っても、同様に各情報保有機関で大量の不一致データがでることが予想されます。そういう人は、当然、共通番号制度での情報連携は利用できません。利用できると思って手続きしたらダメだったとか、個人番号カードで代用できると思って保険証などを持参しなかったら照合できないので受診できないと言われた、というようなことが、至るところで発生し、その苦情対応で窓口は大変でしょう。

なおこの住基ネットと年金事務の連携によって、「のぞき見」事件で多くの処分者を出した社会保険事務所に、住民票コードを含む個人情報を閲覧することのできる端末が一万台設置されることになりました（河村たかし元衆議院議員の質問主意書への回答）。提供利用が広がれば、漏洩のリスクも高まります。

(二)　年金未統合記録対策での住基ネット活用も限界

いわゆる「年金記録問題」でも、総務省は年金未統合記録について、住基ネットを活用し、住所等の特定のための突合を実施していると、効果を宣伝しています。「突合の結果、平成二〇年度には約三一四万件、平成二一年度には約一六〇万件の記録について住所情報等が判明しています」と、住基ネットの効果を宣伝しています。

しかし総務省のサイトを見ても、平成二〇年度に約五〇九五万件の基礎年金番号未統合記録のうち、社保庁の作業で解明されなかった一八三七万件について住基ネットと氏名・生年月日・性別で照合したところ、住所が判明したのは三一四万件で一七%です。翌年には条件を替えて照合して一六〇万件が判明したということにとどまります。

この年金記録問題では、総務省に「年金記録問題検証委員会」が設置され、二〇〇七年一〇月三一日に「報告書」がまとめられました。この検証作業で、五千万件の未統合記録などのサンプル調査のために「住基ネット上の記録や年金記録管理システムのオンライン上の記録などと照合」が行われました（「報告書」一一頁）。しかしこの住基ネット利用は、法的根拠のない利用だった疑いがあります。住基法第三十条の七は、本人確認情報は「都道府県知事は、別表第一の上欄に掲げる国の機関又は法人から同表の下欄に掲げる事務の処理に関し、住民の居住関係の確認のための求めがあったときに限り、政令で定めるところにより」国等の機関に提供できるとされています。しかしこの検証を担当した総務省行政評価局も検証事務も、この法別表には載っていません。

私達「やぶれっ！住基ネット市民行動」では、二〇〇七年一一月二九日に総務省行政評価局に対して、このサンプル調査での住基ネット利用の法的根拠等について質問しました。しかし回答は、年金記録問題検証委員会は住基ネットによる検索について社会保険庁に要請し、同庁がどのような権限や根拠に基づいて行ったものであるかなどについては社会保険庁が説明すべきものであり、（調査を行った）総務省行政評価局は回答する立場にはない、という無責任なものでした。しかし社会保険庁で住基ネットの利用が認められている事務は、届出や裁定等の際の居住関係確認などであり、年金記録の検証作業は住基法別表には入っていません。

これは行政機関（情報保有機関）が必要と考えれば、法的根拠が曖昧でも利用されていく一例です。

(三) 「年金記録問題」からみる共通番号の危険性

政府は「消えない年金」にする新たな年金制度の創設には、社会保障と税に関わる番号制度の導入が必要だ、としています。しかし逆に、年金記録問題は共通番号制の危険性も示しています。

いわゆる「年金記録問題」にはさまざまな原因がありますが、基礎年金番号への年金情報の統合に失敗したことがもっとも重要です。国民年金や厚生年金などの年金の種類毎に年金加入者に年金手帳記号番号を割り振ってきたために、一九九七年の基礎年金番号導入の際に名寄せしても、基礎年金番号に統合できない年金記録が約五千万件残ってしまいました。

これは、それまで別々に管理されてきた厚生年金と国民年金の両方に加入記録のある人のデータを照合して基礎年金番号という年金の「共通番号」に統合することの難しさを示すものです。統合しようとしても、厚生年金では住所情報を管理しておらず、名前にフリガナをつけない期間が長年にわたったため、照合が困難でした。年金記録問題発生後、改めて氏名・生年月日・性別をキーとして、一致する記録を同一人とみなして統合する「名寄せ」作業を行いました。三情報で照合する一次名寄せが行われ、それでも統合できない記録には、さらに照合条件を緩和して二次名寄せが行われています。条件緩和とは、たとえば生年月日が一日だけずれていたり、元号だけが相違していたりするものを同一データとみなしたり、男女ともに使われる名前（たとえばヒロミ）で性別だけが相違しているケースや「ツ」と「シ」のように転記ミスしやすいものを同一と見なしたりする方法です。稀なケースとはいえ別人を同一人と誤認するリスクのある照合方法ですが、それでも統合できない記録が大量にのこり、住基ネットと照合して住所情報をあたっても照合できたのは一部であることは、前述のとおりです。

今回の共通番号制度は、住基ネットから提供される基本四情報（氏名・住所・生年月日・性別）で、「番号（マイナンバー）」と情報連携用の符号（国民ＩＤ、リンクコード）と基礎年金番号などの各情報保有機関の個人情報とを突合して、同一人と確認しておくことが前提になります。この作業を完璧に行うことがどれだけ困難であるかは、「宙に浮いた年金記録」問題をみれば明らかです。完全に一致するもののみを同一人とすれば、大量の未統合データが発生し、かといって条件を緩めれば別人を同一人と誤認するリスクが生じます。年金記録であれば時間をかけて照合・訂正することも、まだ可能です。しかし日々の生活にかかわる医療・介護情報や預金情報などで不整合があれば、どうなるのでしょうか。別人を誤認して治療が行われれば、生死に関わります。

その一方で、本来一人一番号のはずの基礎年金番号で、異なる基礎年金番号が付番された者の中に氏名・性別・生年月日・住所を同じくする者が一九九七年時点で約九八万人いるという「重複付番」の問題もありました。これは同一人調査をすることで減少したとされていましたが、二〇一〇年七月二七日に日本年金機構は有効な基礎年金番号の数が二〇歳以上の人口を一二三万件も上回っていると発表しました。氏名が変わったのに気付かずに重複しての付番や死亡記録が反映されず年金番号だけが残っていることが考えられ、今後、基礎年金番号同士の情報の突き合わせを進め重複番号の解消を急ぐとされています。これも共通番号システムの難しさを示しています。

基礎年金番号は、現在は住基ネットから二〇歳到達者の情報を一括提供を受けて付番されています。しかし二〇歳前に就労し厚生年金に加入した場合も付番され、同一人確認ができない場合、二〇歳で別番号も付番される可能性はあります。

同様の事態は、今回の共通番号システムでも発生する可能性があります。データソースを住民票コードのみに限定してそれを変換することで「番号（マイナンバー）」や「符号」を生成するだけであれば、重複付番は起きにくいでしょう。しかし前述したように「負担・給付の対象者」には、住民票コードが付番されていない人や戸籍や住民登録の不明な人もいます。共通番号システムでそういう人にもサービスを提供するためには、なんらかの番号を付番しておく必要があります。現在でも市町村では住民登録のない人へのサービス提供のために、市町村が独自に付番している住民番号に識別番号をつけて（たとえば外国人登録者は頭に九番、住所不定者は八番を付けるとか）管理しています。そのように一時的に付番した住民番号を、その後住民登録した場合には本来の住民番号に変更するなどしていますが、同様のことを共通番号システムで正確に行うのは困難です。かといって、住民票コードのない人を一切サービス対象から除外してしまえば、「真に手を差し伸べるべき者」を切り捨てることになります。住民票コード以外のデータソースから共通番号を仮に付番せざるをえず、その場合、重複付番の可能性はあります。

3　住基ネットからの基本四情報提供の問題

住基ネットから基本四情報を提供することには、さらに大きな問題があります。

一つは、住民登録のない人や居所と住民登録地が異なる人が、サービスの対象から漏れる問題です。政府のリレーシンポでも、いくつかの会場でこの問題が指摘されましたが、政府の担当者は、「どこかで住民登録していれば番号は振られるので住んでいる所と住民登録が違っても不都合はおきないが、今現在まったく住民票を持っていない人をどうするかは検討しなければいけない」というような回答を続けるだけで、「実際の執行の中ではかなり個々の市町村によってものすごい問題になり得るものだと思ってそこは認識しています」と言いつつ、何の対策も示していません。

もう一つの問題は、住基ネットからの個人情報の拡散です。共通番号制度では、「情報保有機関」は常に住基ネットから基本四情報の提供を受けて、最新の基本四情報に更新する義務を負います。この「情報保有機関」とは「番号法」によって「番号」の利用が認められた、「番号」に係る個人情報を保有する行政機関、地方公共団体及び関係機関です。公的な機関以外に保険医療機関、保険薬局、介護サービス事業者も含まれ、さらに法定調書提出義務者としてあらゆる企業なども含まれます。

情報保護評価サブワーキンググループの作成した「情報保護評価の対象となりうる機関及びそのシステム」（第一回二〇一一年八月八日参考資料三）によれば、情報保有機関には行政機関や日本年金機構や国民年金基金、厚生年金基金、企業年金基金、各種共済組合、健康保険関係の各組合などの外、保険医療機関約一八万団体、保険薬局約五万団体、介護サービス事業者約二六万団体、健康保険・厚生年金保険の適用事業所約一七四万団体、雇用保険の適用事業所約二〇〇万団体、さらに税務分野では源泉徴収義務者・特別徴収義務者・その他の法定調書提出義務者約三六三万七〇〇〇団体あります。これらに住基ネットから最新の住所・氏名・生年月日・性別の四情報が提供されることになります。

この住基ネットから情報保有機関への基本四情報の提供をどのように行うかは、まだ検討中となっています。情報連携基盤WGでは、この保有する基本四情報と住基ネットの基本四情報の同期化の頻度については、「例えば年に一回程度から、頻繁に更新する必要がある機関まで大きく異なると思われることから、各情報保有機関の特性にも配慮しつつ、関係機関で必要な調整・協力を行っていくべきである」（「情報連携基盤WG中間とりまとめ」八頁）と述べるにとどまっています。

しかし経済界からは、「民間のデータベース作成にあたって最新の住所情報等への更新は非常に重要であり、常に最新情報と同期化できる仕組みを検討すべき」という意見が出されています（経団連タイムス三〇六九号、二〇一二年一月一二日）。同期化に時間のズレがあるほど、不整合や不正が起きる可能性があり、いずれはリアルタイムで住基ネットと同期する方向に向かうことが予想されます。

住民票の閲覧制度は、二〇〇六年にそれまでの原則公開から閲覧制限に法改正されました。ダイレクトメールなどの営業活動に閲覧制度が利用されていることへの疑問や、前年に起きた住民基本台帳の閲覧で小中学生の女の子がいる母子家庭を調べて性的暴行事件を繰り返した事件などを受けての改正でした。またドメスティック・バイオレンスやストーカー行為等の被害者の保護措置として、住民基本台帳の閲覧拒否や住民票写しの交付拒否などが行われています。しかし住基ネットから基本四情報が広範囲に提供されるようになると、これらの制限が空洞化していきます。住民基本台帳情報の漏洩や不正利用は、もはや防げないでしょう。

あとがき

二〇一一年一月三日、「やぶれっ！住基ネット市民行動」の仲間として活動を共にしてきた戸籍研究者・佐藤文明さんが亡くなられました。佐藤文明さんは生前、「住民票がサービスの台帳だなどという幻影はもうとっくに崩壊している」と警告してきました（反天皇制運動連絡会「モンスター」第三号、二〇一〇年四月）。

日本国憲法は、自治体に関する事項は「地方自治の本旨に基いて、法律でこれを定める」と規定しています。これを受けて地方自治法は「市町村の区域内に住所を有する者」を住民と定めています。戸籍や国籍、在留資格は住民の要件ではありません。

しかしサンフランシスコ講和条約（サ条約）が発効した一九五二年四月二八日、外国人登録令により登録すべき者については適用しないと定めた住民登録法の施行法・施行期日を定める政令・施行令が公布されました。手続法にすぎない住民登録法が日本国籍をもたない住民を排除するという、違憲・違法な制度として住民票は出発しました。

さらに同日、外国人登録令を廃止し指紋押捺制度を導入する外国人登録法と、出入国管理令を改定する法律百二十六号が成立しました。日本の植民地統治によって一方的に日本国籍を押し付けられてきた朝鮮人・台湾人は、サ条約の発効を機に何らの法的措置も国籍選択権もないまま、一方的に日本国籍を剥奪され、外登・入管の二元管理体制下に置かれました。

住民登録法には、戦前、徴兵逃れを監視する目的でつくられた寄留簿の流れを汲む戸籍の附票制度も導入されました。住所から戸籍（身分事項）を捕捉し、本籍から住所の異動を捕捉するという、個人を一生に亘って追跡する仕組みが住民票に組み込まれ、現行の住民基本台帳法（住基法）にも引き継がれています。

住基ネットは住民票コードをキーとする新たな追跡管理システムとして住基法に組み込まれ、二〇〇二年八月五日、第一次稼働しました。総務省は「行政機関が申請・届出を行った者、年金受給者等についての情報が正確であるかどうかの照合を行う場合に、都道府県・指定情報処理機関から本人確認情報を提供」「市町村の全住民の本人確認情報を行政機関に提供するような情報提供形態は全く想定されない」と説明しました。しかし、住基ネットの利用拡大に歯止めはかかりませんでした。

二〇〇四年、兵庫県は県条例によって住基ネットの本人確認情報を徴税事務に利用。東京都をはじめ他の自治体もこれに追従しました。

二〇〇七年、社会保険庁は基礎年金番号と住民票コードとのデータマッチングに特化した「住基情報ファイル」を作成。百万人・千万人単位でデータマッチングを繰り返し、届出を行わない年金未加入者のあぶり出しを始めました。

二〇一一年、広島県は県条例を改定し、債権回収（駐車違反の放置違反金回収）の名目で住民を検索対象とする警察の住基ネット利用に道を拓きました。

サ条約発効から六〇年目の二〇一二年、日本国籍をもたない住民を処遇する法制度の大改定は、指紋押捺制度を撤廃させた闘いの地平を無に帰し、さらなる管理統制を強いる入管法・入管特例法・住基法の改定として七月から施行されようとしています。

データマッチングしないから大丈夫だという住基ネットから一転、データマッチングするから便利だという国民総背番号三法案が国会に上程され、国民の知る権利を侵害し国家のプライバシーを保証する秘密保全法案も準備されています。

個人番号の指定・通知や個人番号カードの交付事務を法定受託事務とし、住基ネットのような自治体の主体的判断による検証や離脱の道を閉ざそうとする国民総背番号法案。法務省入管局から在留資格に関する情報の提供を受けなければ住民票を作らせない改定住基法。

本書は、故佐藤文明さんの追悼の集まりをきっかけに生まれました。佐藤文明さんの思いを引き継ぎ、これら地方自治・住民自治を破壊しようとする国の管理統制に風穴をあける、新たな闘いの第一歩です。

なお本書は、はじめにと第1章〜第5章、および第6章5は原田富弘が、第6章1〜4は宮崎俊郎が、あとがきは井上和彦が分担して執筆しました。

本書の資料について

この本は、二〇一二年二月末までの資料に基づいて書かれています。

番号制度についての政府側の資料は、内閣官房のサイト「社会保障・税に関わる番号制度」〈トップページ〈政策課題〉社会保障・税に関わる番号制度〉を多く参照しました。

住基ネットについては、総務省のサイト（総務省トップ〈政策〉地方行財政〈住民基本台帳等〉住基ネット）を中心に利用しています。

私たち、「やぶれっ！住基ネット市民行動」による国等に対する質問と回答は、「やぶれっ！住基ネット情報ファイル」のサイト（http://www5f.biglobe.ne.jp/~yabure/juki-net.html）を参照してください。

紙幅の関係で、共通番号制度の基礎となる住基ネットについての説明は必要最小限にとどめています。詳しくは『私を番号で呼ばないで』（やぶれっ！住民基本台帳ネットワーク市民行動編、社会評論社、二〇〇二年七月）を参照してください。

報道資料については、インターネットの記事検索によって得た記事を中心に利用していますが、現在はほとんどリンク切れとなっているため、出典は大部分省略しています。

裁判資料は、裁判所の判例検索システムに掲載されていない判決も、電子政府・電子自治体情報セキュリティ関連資料提供プロジェクトのサイト（http://www.ws4chr-j.org/e-GovSec/）や、杉並区の住基ネット訴訟資料のサイト（区政資料〈住基ネット〉住基ネット訴訟）に掲載された裁判の書証で読むことができます。

[著者略歴]

やぶれっ！住基ネット市民行動（やぶれっじゅうきねっとしみんこうどう）

　住基ネットを導入する住民基本台帳法改悪に反対する行動の中から、1999年1月「番号管理・情報監視はいやだ！市民行動」としてスタート。1999年8月12日改悪住基法の国会成立後は、連続講座や東京都交渉など実施阻止にむけて活動を続ける。2000年2月「やぶれっ！住基ネット市民行動」として再出発。2002年8月5日の住基ネット稼働後は、住基ネット利用拡大に反対し総務省・社会保険庁・東京都などに対して交渉を行うとともに、各地で住基ネットに反対する運動に参加。引き続き社会保障番号・カード構想や共通番号制度への反対に取り組むとともに、戸籍・住民登録・外国人登録制度など住民管理制度への批判を続けている。

　著書『私を番号で呼ばないで 「国民総背番号」管理はイヤだ』（社会評論社、2002年）

　サイト「やぶれっ！住基ネット情報ファイル」を開設
http://www5f.biglobe.ne.jp/~yabure/

JPCA 日本出版著作権協会
http://www.e-jpca.com/

＊本書は日本出版著作権協会（JPCA）が委託管理する著作物です。
　本書の無断複写などは著作権法上での例外を除き禁じられています。複写（コピー）・複製、その他著作物の利用については事前に日本出版著作権協会（電話 03-3812-9424, e-mail:info@e-jpca.com）の許諾を得てください。

マイナンバーは監視《かんし》の番号《ばんごう》

—徹底批判《てっていひはん》まやかしの共通番号制度《きょうつうばんごうせいど》—

2012年7月20日　初版第1刷発行　　定価2000円+税

著　者　やぶれっ！住基ネット市民行動 ©
発行者　高須次郎
発行所　緑風出版
〒113-0033　東京都文京区本郷2-17-5　ツイン壱岐坂
［電話］03-3812-9420　［FAX］03-3812-7262
［E-mail］info@ryokufu.com
［郵便振替］00100-9-30776
［URL］http://www.ryokufu.com/

装　幀　斎藤あかね
制　作　R 企 画　　印　刷　シナノ・巣鴨美術印刷
製　本　シナノ　　用　紙　シナノ・大宝紙業　　E1500

Printed in Japan　　ISBN978-4-8461-1210-3　C0036